Biblioteca de Derecho Constitucional

Domingo García Belaunde
(Director)

Carlos Antonio Agurto Gonzáles
Sonia Lidia Quequejana Mamani
María-Pía Guadalupe Díaz Díaz
Benigno Choque Cuenca
(Coordinadores Generales)

Jacques Chastenet
Miembro de la *Académie des Sciences Morales et Politiques*
(Francia)

El Parlamento de Inglaterra

Edición al cuidado de
Carlos Antonio Agurto Gonzáles
Sonia Lidia Quequejana Mamani
María-Pía Guadalupe Díaz Díaz
Benigno Choque Cuenca

Ediciones Olejnik

Título: El Parlamento de Inglaterra

Traducción de José María Quiroga Pla

Huérfanos 611, Santiago - Chile
E-mail: contacto@edicionesolejnik.com
Web site: http://www.edicionesolejnik.com

Primera edición en Ediciones Olejnik: 2019

ISBN: 978-956-392-603-3

Diseño de Carátula: Ena Zuñiga
Diagramación: Luis A. Sierra Cárdenas

Impreso en Argentina 2019 Printed in Argentina

ÍNDICE

CAPÍTULO VI
RITOS CONSTITUCIONALES DE ALLENDE LA MANCHA

CAPÍTULO VII
GENIO DEL PARLAMENTARISMO INGLÉS

INTRODUCCIÓN

Desde que hay hombres y éstos viven en sociedad ha venido planteándose la cuestión de saber cómo conciliar, de una parte, «la chispa divina» que en cada uno de ellos reside y el instinto que les mueve a manifestarse individualmente, y por otro lado, la necesidad en que se encuentran, para resistir a los peligros que acechan al que está aislado, de someterse a trabas colectivas.

Libertad o autoridad, individualismo o colectivismo: la oscilación entre ambos polos ha sido constante.

En rigor, la sujeción es lo que ha triunfado más a menudo. Que estuviera fundada en la magia, en la religión, en el temor reverencial o en la pura fuerza, fuese familiar, tribal o nacional, la fórmula autoritaria ha dominado en la historia. Lo que llamamos las antiguas democracias eran en realidad sociedades basadas en la esclavitud, y en las que la actividad misma de los ciudadanos libres estaba estrechamente limitada por los usos y las leyes de la Ciudad. Cuando, al producirse el dislocamiento del mundo antiguo, los hombres de Europa parecieron un momento a punto de quedar entregados a sí mismos, hallaron, tras un período de desconcierto, en la jerarquía cristiana y en la jerarquía feudal nuevos marcos tutelares, tan rígidos como los antiguos. El Renacimiento solo libertó al individuo esporádicamente y por un breve período: las fuerzas desencadenadas se gastaron aprisa en luchas intestinas y guerras religiosas; la doctrina del Estado no tardó en imponerse, y cobró, al anexionarse el principio de las nacionalidades, nuevo vigor. En el curso del siglo XIX llegó, sin embargo, a establecerse en Europa cierto equilibrio entre los derechos del Estado y los del individuo. La guerra de 1914 señaló el comienzo de su ruptura, y hoy se ve subir por todas partes, centuplicada su fuerza por los inventos de la ciencia moderna, la marea de los totalitarismos.

La libertad en el seno del orden social constituye, fuerza es reconocerlo, un triunfo rarísimo, por lo demás precario, y singularmente frágil. Todas las constituciones con ayuda de las cuales han tratado los hombres de perpetuar ese triunfo han resultado, las más de las veces, inoperantes.

Hay, sin embargo, un país de Occidente en el que ha nacido, con ayuda de circunstancias favorables, y acaso también de la casualidad, un sistema político que, sin dejar de asegurar firmemente las bases de la vida social, permite a los individuos actuar sobre el funcionamiento de la máquina gubernamental y les deja al mismo tiempo un amplio margen de iniciativa personal.

Ese país es la Gran Bretaña; ese sistema, el régimen parlamentario.

«La Constitución de Inglaterra», se ha dicho, «es antiquísima; solo que no existe».

Paradoja que nos da la mejor explicación de la virtud del régimen parlamentario tal como se practica en la Gran Bretaña.

La Constitución, antiquísima, forma cuerpo con la historia del pueblo inglés; es esa historia misma, vista en su aspecto político. Estudiarla es necesariamente apelar ante todo al pasado; es evocar sucesivamente, en un desfile multicolor, a los compañeros del Conquistador, con sus yelmos y sus cotas de malla; a los Plantagenet «nacidos del Diablo y que al Diablo vuelven»; Simón de Monfort y sus barones anglofranceses, los arqueros de Crécy y de Arzincourt, los «caballeros de los condados» y los «burgueses de las buenas villas», los obispos políticos, los conquistadores del mar; Enrique VIII y sus mujeres, Isabel y sus válidos, los verdugos y los mártires de la Reforma, los jinetes y los Cabezas Redondas de tiempos de Cromwell, los Squires bebedores y cazadores, los Yeomen laboriosos, los juristas de peluca, los primeros grandes negociantes, los señores whigs jugadores y fastuosos, sus campesinos respetuosos y míseros, los pastores wesleyanos; Mr. Fox, truculento, insoportable y encantador; Mr. Pitt, esquinado, indómito y dominante; los fundadores del Imperio, desde Clive y Warren Hastings hasta Cecil Rhodes; los fundadores de la industria, que se sabían de memoria la Biblia y hacían trabajar trece horas por día a niños de diez años; Wellington, gentleman en los campos de batalla, militar en el Parlamento; la reina Victoria, que gana en corpulencia y en popularidad conforme su pueblo va ganando en riqueza y en poderío; Disraeli, que huele un ramo de prímulas; Gladstone, que derriba encinas; la obstrucción irlandesa; los primeros sindicalistas; las sufragistas; el «despreciable y pequeño ejército» del mariscal French y su prodigiosa proliferación; Lloyd George que maneja su atractivo; el sombrío pueblo de los parados; los predicadores de Hyde Park; las Conferencias Imperiales; Baldwin escamoteando a Eduardo VIII; Chamberlain y su paraguas; Winston Churchill, su cigarro y su dinamismo; los ejércitos innumerables, los héroes del mar y del aire, la muchedumbre de mujeres de uniforme o de «mono», los bomberos que intentan circunscribir los efectos de las bombas alemanas; los hijos de lores que se pasan al laborismo, los antiguos peones erigidos en campeones de la conservación social; el Parlamento que se traslada en corporación a Santa Margarita para dar gracias al Todopoderoso; el monarca, tanto más venerado cuanto menos poderes tiene; tantos otros personajes, en fin, vestidos de todas las maneras imaginables, pero que tienen de común ese no sé qué aplomo que de una punta a otra de la tierra y de un cabo al otro de los siglos distingue al británico.

Todos, directa o indirectamente, han tenido su papel en la elaboración de una Constitución que no es obra de ningún inglés vivo en una época determinada, sino de las generaciones sucesivas.

Ahora bien, esa Constitución no existe; es decir, que nunca ha sido codificada, que solo en escasa medida está escrita, que se compone de un impreciso conjunto de textos bastante raros, de usos antiguos o recientes, de aspiraciones vagas y de hipótesis cómodas; por último, que es siempre modificable. Difícil es definir exactamente, en una fecha precisa, no ya la Constitución, sino la práctica constitucional británica: aún no se ha secado la tinta, cuando esa práctica se ve ya modificada en algunos puntos.

Ese carácter inaprehensible de la Constitución británica es lo que le da su pasmosa flexibilidad; apenas hay transformación social a que no pueda adaptarse, ni situación política a que no pueda hacer frente.

En la mayoría de los demás pueblos, las instituciones políticas presentan un aspecto de cosa sobreimpuesta; entre los británicos aparecen como orgánicas, dadas con el mismo título que la opacidad de las brumas o que el verdor de los céspedes.

El ceremonial de que el parlamentarismo inglés se rodea puede a primera vista dar pie a la sonrisa. Considerándolo mejor, inclina a la reflexión. Ni el formulario de las Proclamaciones Reales, ni lasalabardas de los yeomen de la Torre, ni la vara negra del «gentilhombre ujier», ni la peluca del Speaker, ni los tabúes que en los Comunes llevan aparejados la mención del apellido de un diputado o una referencia explícita a la Cámara de los Lores, ni las fórmulas pronunciadas en francés del siglo XV, han impedido al Gobierno de la Gran Bretaña llegar a ser poco a poco uno de los más democráticos del mundo. Por más que los Pares vayan vestidos de color escarlata y reciban sentados a los miembros de los Comunes, de chaqueta y en pie, los prejuicios de los primeros apenas cuentan ya nada ante la voluntad de los segundos. En cuanto a la «Excelentísima Majestad del Rey», cuyo «gracioso discurso» es necesario para poner en movimiento la máquina parlamentaria, y cuyo «gracioso asentimiento» hace de la obra de esa máquina un producto acabado, no es hoy más que un mascarón de proa en el tajamar de un navío cuyo gobernalle empuñan otros.

Desde luego, el ceremonial parlamentario no impide ninguna innovación, no está hecho para eso; pero la innovación más osada la asienta sobre un peñasco muy viejo y firmísimo, y con eso mismo la consolida. Tal o cual reforma que en otra parte pasaría por obra de ideólogos quiméricos y resultaría, por ende, viciada de una especie de caducidad, en la Gran Bretaña cobra carácter respetable y permanente por el hecho de haber sido iniciada, discutida y promulgada en fórmulas medievales.

Quizá sea ésta la razón de que las medidas legislativas más osadas, las que antes de que se adoptasen tropezaron con la oposición más violenta, vuelvan tan raramente, una vez que han entrado en el Statute-Book, a ser sometidas a discusión.

Se ha señalado a menudo que el conservadorismo inglés no ha sido nunca reaccionario: ello se debe en parte al temperamento nacional, pero en parte también al sentido reverencial de que rodea a la ley el procedimiento histórico que presidió a su elaboración.

Nos encontramos ahora con que los laboristas disponen por primera vez en los Comunes de una mayoría homogénea, y son dueños absolutos del Gobierno. Cerca de trescientos de sus representantes son novatos en el Parlamento y no conocen sus usos; no han sido nutridos, en los bancos de las public-schools aristocráticas, en las mismas tradiciones que los más de sus adversarios, y es posible que, bajo su reinado, no solo el fondo sino también algunas de las formas de la legislación sufran serias alteraciones. Dudamos, sin embargo, que esas alteraciones lleguen a hacer desaparecer unas ficciones que, tanto por su misma supervivencia como por el hecho de no ser ya más que meras ficciones, miden los progresos llevados a cabo en el transcurso de los siglos, en la dirección democrática, por una Constitución no escrita.

Sin duda alguna, el legítimo orgullo que la nueva mayoría siente por conservar ella sola el poder político se halla acrecido por el orgullo de que ese poder tenga orígenes tan remotos y de que hunda tan profundamente sus raíces en el pretérito de la nación.

«El encanto de la continuidad histórica de las instituciones de la rasa»... La expresión es de dos doctrinarios del socialismo, Sydney y Beatriz Webb, y tiene mucha enjundia: en las tradiciones de la vida pública inglesa hay un «encanto» en el sentido corriente de la palabra, una virtud poética. Pero también se descubre en ellas un «encanto» en el sentido cabal de la expresión: un poder mágico.

Magia benéfica y tutelar: con probada eficacia, refrena, disciplina y coordina las reacciones, naturalmente violentas, de un pueblo sanguíneo, las baña en una atmósfera de dignidad, les impone en cierto modo una estética. Pero no las ahoga, y deja a la nación británica seguir libremente, con arreglo a su ritmo peculiar, la evolución del mundo, y avanzar hacia sus destinos.

Mal separada aún del torbellino que se ha desencadenado sobre el mundo a partir de 1939, Francia –y con ella otras muchas naciones– busca hoy el modo de adaptar sus instituciones políticas a circunstancias novísimas.

Búsqueda necesaria, pero que para ser eficaz debiera ser llevada adelante no solo en función del presente, sino tratando de levantar los velos de lo porvenir, y también echando una mirada al pasado. Nuestro pueblo ha conocido, de 1791 acá, demasiadas Constituciones para que no se haya vuelto un tanto escéptico en cuanto a la eficacia de las declaraciones más solemnes y de los textos más ponderados. Estaría mal, sin embargo, tomar unas y otros demasiado a la ligera: no es el menor de sus inconvenientes el de que, una vez promulgados, sea menester luego una revolución para deshacerlos.

Las instituciones políticas de la Gran Bretaña han sido trasplantadas a otros lugares sin que hayan sido siempre bien comprendidas. El presente librito se propone darlas a conocer mejor en el último estado de una evolución histórica a que van íntimamente ligadas.

La gran lección que esas instituciones nos proponen no reside tanto en su detalle cuanto en su espíritu. Ese espíritu es el mismo del pueblo inglés, considerado en su aspecto político: sentido de la continuidad y de la tradición, ausencia de ideología, gusto por la transacción, culto del fair play, adaptabilidad, preferencia concedida al progreso frente al brusco trastorno, profundo sentido de la dignidad de la persona, íntima convicción, en fin, de que el Estado es una abstracción inventada para asegurar la libertad, la seguridad y la prosperidad de los individuos, y no un Moloch hecho para esclavizarlos.

Asistimos hoy en el mundo a un eclipse de la idea de libertad. La sombra va extendiéndose, y no es nada imposible que su orla alcance a la propia Gran Bretaña.

Ese eclipse, estamos persuadidos de ello, no podría pasar de temporal, o bien la vida no valdría ya la pena de ser vivida. Las páginas que siguen (y cuyo inevitable tecnicismo, en determinados pasajes, habrá de excusarse) van dedicadas a los hombres de buena voluntad que buscan, en medio de las brumas, cómo puede un pueblo, sin renegar en nada del pasado, sin retroceder tampoco ante ninguna audacia innovadora, afirmarse a la vez como libre, democrático y fuerte.

París, abril 1946.

JACQUES CHASTENET

CAPÍTULO PRIMERO

NACIMIENTO Y CRECIMIENTO DEL PARLAMENTO EN INGLATERRA

1. DEL «MAGNUM CONCILIUM» AL PARLAMENTO

Caracteres del régimen feudal implantado en Inglaterra por el Conquistador

Cuando Guillermo el Conquistador salió vencedor en su *raid* de 1066, aquel próximo descendiente de los vikingos no tenía del Estado una idea mucho más cabal que sus antepasados. Para él, como para la mayoría de los occidentales de su tiempo, el único contrato social un tanto seguro era el homenaje personal, el juramento de fidelidad que, pronunciado a ser posible sobre unas reliquias, ligaba el hombre al hombre. Solo que Guillermo, como unía a mucha astucia un gran sentido común, tuvo buen cuidado de repartir por todo el país las tierras conquistadas de que, como recompensa, hizo don, mediante pleito-homenaje, a sus compañeros.

Así, mientras que, por la misma época, los grandes vasallos del rey de Francia reinaban sobre compactos dominios que los convertían en sendos soberanos punto menos que independientes, los vasallos directos del rey de Inglaterra solo poseían feudos diseminados, de los que no podían sacar fuerza bastante para resistir individualmente a la voluntad regia.

Guillermo, a fuer de Hombre de su tiempo, no podía concebir otro Estado que el feudal. Pero el hecho de que el feudalismo sea en Inglaterra querido y organizado por un soberano extranjero, al paso que en Francia es de origen espontáneo, habrá de tener gran influjo en la evolución política de entrambos países.

Paradójicamente, esa evolución llevará, en el primero, al régimen parlamentario, y en el segundo a la monarquía absoluta. Los vasallos del rey de Inglaterra, en efecto, para resistir a su tiranía, se verán movidos a aliarse a la pequeña caballería rural y a los burgueses de las villas; a la larga, la fuerza de esa coalición resultará irresistible. El rey de Francia, en cambio, se encontrará en presencia de unos feudales demasiado poderosos para que le sea posible, sin abdicar, entrar en componendas y transigir con ellos; tendrá que abatirlos. Para conseguir esto, será él quien se apoye en la burguesía; la victoria común garantizará a esa burguesía la seguridad, pero le hará perder la libertad. A bulto, y a pesar de largos períodos aberrantes —por ejemplo, en Inglaterra con los Tudores, y en Francia durante las guerras de religión—, puede decirse que, hasta fines del siglo XVIII, la historia interna de Inglaterra es centrífuga, mientras que la de Francia aparece como centrípeta.

El Gobierno de Enrique II Plantagenet

Por relativamente débiles que fuesen, los grandes vasallos anglonormandos crearon muchas dificultades a los primeros sucesores del Conquistador, y el país conoció períodos de semianarquía. Pero en 1154 subió al trono un verdadero hombre de Estado: violento y extravagante, no por ello dejaba de poseer Enrique II Plantagenet, a más de mucha inteligencia, un agudo sentido de la función de gobierno. Inglaterra no era el principal de sus dominios, y Enrique residió mucho más en Angers y en Poitiers que en Londres. Pero esto no le impidió asentar en sus tierras de allende la Mancha las bases de una organización política y administrativa singularmente perfeccionada para su época.

Entendámonos: Enrique II, como todos los hombres de su tiempo, no era nada aficionado a las construcciones teóricas, ni, sencillamente, a las innovaciones. Su actividad fue esencialmente pragmática. Pero fue eficaz, e Inglaterra, a su muerte, disponía de un sistema coherente de gobierno.

En la cúspide, el príncipe, a la vez jefe en la guerra y sumo señor feudal que recibía su corona de la unción sagrada y del consenso de los grandes vasallos. En torno suyo, el *Magnum Concilium* —el Gran Consejo—, asamblea de los principales personajes del reino: obispos, abades mitrados, dignatarios de la Real Casa, a los que se unen a veces todos los vasallos directos de la Corona (y entonces el *Commune Concilium*). En virtud de los principios feudales, los miembros de ese Gran Consejo tienen el deber, por una parte, de dar su parecer al soberano en todos los negocios importantes, y, por otra, de asistirle en la administración de la justicia. Además, en virtud de los mismos principios, cuantas veces quiere el rey percibir de sus vasallos directos una «ayuda» financiera diferente de las tres tradicionales (en caso de cautividad del soberano feudal, cuando se arma caballero su hijo mayor o cuando se le casa la mayor de las hijas), es menester que obtenga el asentimiento del *Commune Concilium*.

Al lado de este Gran Consejo, que solo se reúne tres o cuatro veces al año, se encuentra una emanación suya, la *Curia regis* —Tribunal real—, compuesta de los familiares del príncipe que tienen por adjuntos a clérigos letrados especialistas en jurisprudencia y en cuestiones financieras.

Por debajo de esto existe, en cada condado —antigua división administrativa que data de la época anglosajona—, un *sheriff*, agente real que preside el *moot*, asamblea de los notables del condado, cuya competencia es sobre todo judicial. Además, el *sheriff* vigila, en nombre del rey, a los señores posesionados en su circunscripción, y las villas más o menos libres en ellas incluidas.

Cimentando todo ello, delegados de la *Curia regis* hacen jiras periódicas por los condados, para celebrar regularmente en ellos «juicios», reunir «jurados» y hacer reinar la «paz del rey».

En esa organización se adivina ya el embrión de las instituciones de la moderna Inglaterra: la *Curia regis* se escindirá y dará origen, por una parte, al Consejo privado y al «Exchequer» o ministro de Hacienda, y luego, mucho más tarde, al Gabinete, y, por otra parte, a los Tribunales superiores de justicia. El *Magnum Concilium* pasará a ser la Cámara de los Lores. Los *sheriffs* de los condados verán harto restringidas sus atribuciones, pero subsistirán hasta nuestros días. Por último, los «circuitos de juicios» y los jurados perdurarán como uno de los rasgos característicos de la justicia británica.

La Carta Magna

Los hijos y sucesores de Enrique II —Ricardo Corazón de León y Juan Sin Tierra— no valían lo que él. El despotismo neurótico del segundo, juntamente con los manejos secretos del rey de Francia, provocó una rebelión de los grandes feudales [(1)].

Vencido Juan el 15 de junio de 1215, hubo de resignarse a hacer poner su sello en el famoso documento conocido con el nombre de *Carta Magna.*

Se ha dicho de la Carta Magna que constituye el texto político más importante ofrecido por la historia de Inglaterra y acaso por la historia universal. Hay que rebajar un tanto: arrancada al soberano por unos barones y unos prelados insurrectos, sus estipulaciones desconocen los intereses del estado llano. No por eso deja de afirmar ciertos principios cuya aplicación no habrá más que extender para que garanticen sólidamente a la nación entera contra la arbitrariedad del poder.

Abultada por interpretaciones que han prolongado singularmente su alcance inicial, la Gran Carta de 1215 ha perdurado a través de los siglos, y aún hoy sigue estando viva; es uno de los raros textos en que se apoya el conjunto de usos, de tradiciones, de precedentes y de recetas empíricas que se llama la Constitución británica.

Aparición de los «Caballeros de los condados» y de los «burgueses de las villas»

Los sucesores de Juan Sin Tierra, que tenían creciente necesidad de dinero, cayeron en la cuenta de que sería interesante para ellos pedírselo a otros que a los vasallos directos de la Corona exclusivamente.

De ahí la iniciativa tomada en 1254 por la reina y por el conde de Cornualles, regentes del reino: invitan a los *sheriffs* a enviar dos «caballeros discretos» para que tomen parte en el *Commune Concilium,* representando a la pequeña feudalidad de cada condado; asimismo piden a los obispos que se hagan acompañar de representantes del bajo clero de sus diócesis.

En 1265 se da un paso más: Simón de Monfort, verdadero dictador bajo el nombre de Enrique III, agrega al *Commune Concilium* los diputados de veintiuna señorías colectivas, «buenas villas» favorables a su partido. Desde ese momento, la Asamblea empieza a tomar el nombre de «Parlamento»; es decir, exactamente de Conferencia. Esa Conferencia se celebra entre el soberano y sus súbditos, y el rey no cesará nunca de ser considerado como parte integrante del Parlamento[2)].

(1) Cabe señalar que, de haber sido Juan Sin Tierra un soberano clarividente y enérgico, y Felipe Augusto un príncipe mediocre, el primero, que disponía de recursos mucho más considerables, sin duda habría aplastado al segundo. Entonces se hubiera constituido un imperio franco-inglés de lengua francesa, cuya capital habría sido Angers, o acaso Rúan, y la historia de Europa habría cambiado.

(2) En inglés, la expresión *Parliament* tiene dos sentidos: unas veces significa la institución misma considerada en su permanencia; otras, cada «conferencia» tomada aisladamente entre su reunión y su disolución, lo que se llama en Francia una «legislatura». Así se habla unas veces del «Parlamento británico», y otras del «1er., 2° y 3er. Parlamento» de tal o cual reinado. En lo sucesivo nos veremos obligados a emplear el término, según los casos, en uno u otro sentido.

Como la institución bosquejada se revelase favorable a los intereses del Real Erario, el rey Eduardo I reunió en 1295 el que habrá de ser llamado «Parlamento modelo», que comprende dos arzobispos, dieciocho obispos o abades mitrados, setenta y siete sacerdotes, siete condes, cuarenta y un barones, setenta y cuatro caballeros de los condados, y ciento setenta y dos burgueses de las villas; en total, cerca de cuatrocientas personas.

La separación del Parlamento en dos Cámaras

El Parlamento no constituye entonces más que una sola asamblea: a lo sumo se distingue dentro de él una tendencia del clero, por una parte, de la nobleza por otra y, finalmente, de la burguesía, a celebrar separadamente reuniones preliminares. De haberse afirmado esa tendencia, los Parlamentos británicos se hubiesen escindido en tres Cámaras, como iban a hacer en Francia los Estados Generales. Y ese «tricamarismo» habría tenido sin duda, del uno como del otro lado del canal de la Mancha, resultados paralizadores.

Afortunadamente para el porvenir del parlamentarismo británico, esa «separación por órdenes» abortó. No por eso se quedó en la Asamblea única, sino que los altos barones y los prelados que formaban parte del viejo *Magnum Concilium* propendieron a aislarse. Los caballeros de los condados, unidos por multitud de afinidades a los burgueses de las villas, siguieron deliberando con éstos.

En cuanto al clero bajo y medio, alegando el hecho de que ya votaba subsidios al soberano en las reuniones diocesanas, se abstuvo, desde el siglo XIV, de obedecer a los llamamientos[(1)].

En suma, hacia 1340 se vino a dar en dos Asambleas: el bicamerismo quedaba fundado.

La primera, la de los lores o «pares del reino», era, con mucho, la más importante. Estaba compuesta: por una parte, de todos los arzobispos, obispos y abades mitrados del reino (los «lores espirituales»); por otra, de los altos barones (los «lores temporales»[(2)].

Cuando uno de estos últimos había recibido una *vez* cartas citándole a un Parlamento, pasó a admitirse que él y sus sucesores deberían ser llamados obligatoriamente a todos los Parlamentos ulteriores. Los lores se reunían de ordinario en el gran *hall* de Westminster, construido en el siglo XI por Guillermo II el Rojo.

La otra Asamblea, la de los «Comunes» --caballeros de los condados y burgueses de las «buenas villas»--, apenas tenía otro derecho que el de votar, a veces después de discutirlos, los impuestos que la Corona proponía. Se le asignó como lugar de sesiones la sala capitular de los monjes de Westminster; más tarde será la capilla de San Esteban.

---

(1) Sin embargo, aun en nuestros días, las cartas de citación dirigidas a los obispos miembros de la Cámara de los lores les invitan (mediante la cláusula llamada de *praemunientes)* a fomentar el envío al Parlamento de diputados del bajo clero de sus diócesis. Pero esa cláusula, desde hace seis siglos, se ha quedado en letra muerta.

(2) Hasta la Reforma, que suprimió los abades mitrados, el número de «lores espirituales» era, en general, superior al de «lores temporales».

El carácter electivo de los Comunes tardó algún tiempo en afirmarse. Los caballeros, sin embargo, fueron elegidos bastante pronto por la Asamblea de notables de cada condado, reunidos bajo la presidencia del *sheriff;* se decidió que formarían parte de esa Asamblea todos los propietarios en libre posesión de sus bienes y con una renta anual de cuarenta chelines por lo menos. En cuanto a los diputados de las «buenas villas», eran elegidos por aquellos de sus conciudadanos que poseyesen el»derecho de burguesía».

No era entonces honor muy envidiado el de tener un puesto en la Cámara baja: oneroso, el tal honor no reportaba gran influencia a su titular, y le hacía perder mucho tiempo. A menudo se vio a los electos suplicar a sus electores que se desdijesen de su elección, y hubo que prohibir a los diputados que dimitieran de su mandato. La repugnancia, sin embargo, no fue ni tan general ni tan viva que arrastrase consigo el desprestigio de la institución parlamentaria. En Francia, por el contrario, una repugnancia análoga, pero más marcada, contribuye, a partir del siglo XV, a la consunción y luego al eclipse de los Estados Generales.

2. EL PARLAMENTO Y LA HACIENDA

Alcance inicial del derecho del Parlamento a otorgar el impuesto

El privilegio esencial del Parlamento es el de otorgar el impuesto.

Al principio, ese privilegio no tenía más que un alcance limitado: las «ayudas extraordinarias» constituían para el regio Erario tan solo un suplemento de ingresos, siendo suministrado el capítulo principal, bien por las rentas del vastísimo dominio de la Corona, bien por diversos derechos de regalía de origen consuetudinario. Como Inglaterra no contaba en aquel entonces arriba de tres o cuatro millones de habitantes, y como los gastos del Estado eran modestos, un príncipe economizador podía, sin mayor inconveniente, abstenerse durante mucho tiempo de convocar un Parlamento.

Sin embargo, la expulsión de los judíos, que privó al Tesoro de parte de sus ingresos tradicionales, las necesidades financieras nacidas de la guerra de los Cien Años y de la aparición de los ejércitos permanentes, y, por último, la general alza de precios consecutiva al descubrimiento de América, llevaron a los monarcas británicos a recurrir cada vez más largamente a la bolsa de sus súbditos.

Como la Cámara de los Comunes era la que representaba a la gran masa de los contribuyentes, a ella fue a quien se tomó la costumbre de dirigirse primeramente. El uso se convirtió pronto en regla. La prerrogativa financiera de la Cámara baja se halla hoy inscrita en todas las constituciones «bicamaristas».

La dificultad con que el Parlamento concedía impuestos y las condiciones a que en general subordinaba su concesión forzaron a los soberanos británicos a mostrarse economizadores. Los mismos Tudores, con todo y ser populares y haberse enriquecido con la expoliación de los bienes pertenecientes a los religiosos, no se sustrajeron a esa obligación. Isabel, en medio del fausto de su gloria, nunca pudo sostener más que un ínfimo ejército permanente, y hubo de descansar, para la defensa del reino, en las milicias de pequeños propietarios —*yeomen*— equipados por cuenta propia.

Conflicto entre los primeros Estuardos y el Parlamento

Sin embargo, cuando los Estuardos sucedieron a los Tudores, el trono pasó a unos soberanos que tenían una noción casi teocrática del poder real. El pedante Jacobo I, y todavía más el imprudente Carlos I, se consideraban «ungidos del Señor», superiores a las leyes humanas en general y particularmente a las costumbres de su reino.

Ese estado de espíritu, incompatible con las instituciones británicas tales como habían recibido ya la sanción de los siglos, tenía que conducir a los monarcasa entrar en franca lucha con el Parlamento y a pasarse sin su ascenso para decretar nuevos impuestos.

No lo hacen descaradamente, y se esfuerzan por descubrir en el arsenal de los viejos usos algún pretexto legal. Esos subterfugios no engañan a nadie, y en 1629 el Parlamento vota una resolución en la que declara:

1° que quienquiera que aconsejase la percepción de impuestos que no hubieran sido votados regularmente sería un enemigo público;

2° que quienquiera que pagase esos impuestos sería un traidor.

Como consecuencia de esta noción, Carlos I intenta, por espacio de once años, prescindir del Parlamento. Pero, ante una verdadera huelga de los contribuyentes, tiene que convocar un Parlamento en 1640. Es el «Parlamento Largo». El conflicto renace, más violento que nunca y exasperado por las pasiones religiosas que alzan unos contra otros, en el mismo seno del protestantismo, a «ritualistas», «presbiterianos» y «puritanos». Se vota un texto que obliga al rey a convocar por lo menos cada tres años el Parlamenta y renueva la prohibición que se le ha hecho de percibir impuesto alguno no consentido. Carlos I parece por un momento resignarse, pero en 1642 se escapa de Londres. Desencadénase la guerra civil. El rey resulta vencido, y en 1649, tras dramáticos incidentes, rueda en el tajo su cabeza. Se proclama la República.

El Intermedio republicano y la Restauración de 1660

Sigue un intermedio curioso: los militares puritanos que, dirigidos por Cromwell, han derrocado el trono, redactan una Constitución escrita —la única que ha conocido nunca Inglaterra—. Pero solo imperfectamente se pone en ejecución. La República —una República dictatorial— se sostiene tan solo merced al genio del dictador. A la muerte de éste se disloca, y en 1660, después de dos años revueltos, los ingleses, que en el fondo de su corazón no han cesado de añorar las antiguas instituciones, aclaman a Carlos II.

Mas no por eso aclaman el absolutismo. La Restauración no significa en modo alguno para ellos el renacimiento de un «derecho divino» del monarca, y el Parlamento sigue afirmando enérgicamente sus propios derechos.

Escéptico, voluptuoso y taimado, Carlos II maniobra por entre los escollos, convoca las Cámaras con la menor frecuencia posible, gobierna en gran parte gracias a los subsidios que le pasa Luis XIV, y consigue morir en el trono. Pero su hermano y sucesor Jacobo II no tiene su ductilidad. Además, católico en el fondo del alma, le es imposible entenderse con una nación apasionadamente protestante.

Cuando quiere suspender por su propia autoridad las leyes que lesionan a los «papistas», estalla la revolución, y el rey, en 1688, se ve forzado a huir de su reino.

La Revolución de 1688 y el «Bill de derechos»

Esta fuga plantea al espíritu formalista de los ingleses un problema difícil de resolver: el Parlamento se encuentra entonces disuelto; ¿cómo convocar otro en ausencia del monarca, que ha tenido buen cuidado, antes de tomar las de Villadiego, de tirar el gran Sello al Támesis?

Se sale del paso con una serie de ficciones: se admite que Jacobo II ha abdicado, y que en virtud de ello el trono se encuentra vacante. Guillermo de Orange, esposo de María, hija del soberano desposeído, desembarca en Inglaterra y reúne a los pares del reino, así como a los miembros del precedente Parlamento que se hallan en Londres; por consejo de esta asamblea, Guillermo convoca, no un verdadero Parlamento —cosa a la que no tiene derecho— sino una «Convención». Y esa «Convención» ofrece la corona a Guillermo y a María conjuntamente.

Pero no lo hace sino con ciertas condiciones que se encuentran enumeradas en el *Bill de Derechos* de 1689.

Este famoso *bill* representa sin duda el texto constitucional más completo que posea Inglaterra; no por eso es una verdadera Constitución. De carácter esencialmente pragmático, se limita a enumerar cierto número de cuestiones que desde hacía varios siglos eran objeto de litigio entre la Corona y el Parlamento, y las zanja uniformemente en favor del Parlamento: el soberano ve definitivamente denegada toda pretensión por su parte a recaudar impuestos por sí y ante sí; la creación de una Lista Civil pone fin a toda confusión entre sus rentas personales y las de la nación; queda privado del derecho a mantener en tiempo de paz un ejército permanente, a no ser con autorización expresa de las Cámaras; finalmente, se ve adscrito a la obligación de convocar «frecuentemente» el Parlamento. En 1694, una ley decide que esa frecuencia deberá ser por lo menos bienal.

Pero como las Cámaras, de hecho, adquieren la costumbre de no consentir en una parte de los subsidios ni autorizar el mantenimiento del ejército por más de doce meses[1], el soberano ya no puede dispensarse de reunirías por lo menos una vez al año; la cuasi continuidad de la institución parlamentaria está conseguida.

El Parlamento, dueño del empleo de los subsidios y de la fiscalización de los gastos

La revolución de 1688 señala el triunfo definitivo del Parlamento y especialmente de la Cámara de los Comunes en materia financiera. Ya, en 1678, una resolución de los Comunes ha recordado que toda petición de subsidios debía ser presentada en primer lugar a la referida Cámara, precisando que solo a ella incumbía determinar el objeto y las condiciones de empleo de esos subsidios. En 1688 se vota por vez primera el *Bill anual de Adecuación*, que recapitula los créditos abiertos a los diferentes servicios públicos y autoriza los pagos referentes a los mismos. A comienzos del siglo XVIII queda establecido definitivamente el procedimiento para la votación del impuesto y la fiscalización de los gastos. En 1713, los Comunes deciden que

(1) Aun en nuestros días, el Parlamento, salvo en caso de guerra, vota cada año el *Army and Air Force Act*, que autoriza «excepcionalmente» al soberano a mantener fuerzas militares y aéreas. (Las fuerzas navales son permanentes de derecho).

solo temarán en consideración las demandas de créditos *presentadas por la Corona* (esta decisión resultado solamente de un reglamento interior, pero que nunca será modificada, tiene una importancia capital). En 1760 aparece por vez primera la expresión «presupuesto». El Parlamento es desde ese instante, dentro de los límites que a sí mismo se señala, dueño indiscutido, no solo del señalamiento de impuesto y de empréstitos, sino también de la utilización de los fondos procedentes de ellos.

Su exclusiva competencia nunca más será discutida.

3. EL PARLAMENTO Y LA LEGISLACIÓN

El Parlamento no es originariamente una institución legislativa

En sus orígenes, el Parlamento no era en modo alguno, como hemos visto, una institución legislativa, y el hecho de ser llamado a otorgar el impuesto no le confería de ninguna manera el derecho a modificar los usos del reino.

Pero no tardó en asaltarle la tentación de servirse de sus poderes financieros para hacer incursiones en el terreno de la legislación.

En Inglaterra, como en casi toda la Europa medieval, el derecho era esencialmente consuetudinario: el uso de los antepasados, certificado por los hombres-buenos, era la *ley*, y el poder no intervenía más que para recordar esa ley o, excepcionalmente, para suplir sus lagunas.

Esa autoridad declaratoria y supletoria correspondía, en principio, al rey, pero al rey asesorado por el dictamen de su consejo. Y ese consejo podía ser, o bien la *Curia re gis restringida*, o bien el *Magnum Concilium*, esto es, la Cámara de los lores.

Peticiones presentadas al trono por las Cámaras

Sin embargo, los Comunes empezaron, desde mediados del siglo XV, a dirigir al rey peticiones *bilis*—, demandando de él que hiciese justicia, por vía de ordenanza, a tal o cual reclamación de interés general. Las más de las veces se trataba no tanto de reclamar una legislación nueva cuanto de volver a la antigua costumbre, que se suponía alterada. Los hombres de la Edad Media estaban lejos de pensar que una innovación fuese un bien en sí; era más bien en el pasado, en un pasado real o ficticio, donde buscaban la prosperidad y la justicia.

Esas peticiones eran llevadas al pie del trono por el presidente de la Cámara, al que se llamaba el *Speaker* —el Orador—, no porque hablase a la Asamblea, sino porque hablaba en nombre de ella. Y para estar seguros de que sus reclamaciones no serían desatendidas, los Comunes tomaron la costumbre de presentarlas *previamente* a la votación de los subsidios reclamados por el soberano.

Éste, antes de tomar una decisión, consultaba a sus consejeros naturales, los miembros de la Cámara de los lores.

Si la respuesta regia era afirmativa, se expresaba en francés, que era entonces la lengua oficial de Inglaterra, con la fórmula: *«Le roy le veult»;* si era negativa, con la fórmula: *«Le roi s'advisera»...*[1].

---

(1) *«Le Roy le veult»:* así se formula aún hoy el asentimiento real necesario para, que un *bill* votado por las Cámaras cobre fuerza de ley. *«Le roy le veult»* = 'el rey lo quiere', 'el rey otorga'; *«Le roy s'advisera»* = 'el rey se asesorará'.

A fines del siglo XIV se admitió que el soberano no podría promulgar una ley propiamente dicha a menos que el principio de la misma hubiera sido admitido previamente por los Comunes, de una parte, y por los Lores de otra.

El rey, con todo, seguía siendo dueño de redactar esa ley en los términos que le pluguiese. A partir de comienzos del siglo XV, sin embargo, las Cámaras idearon incorporar a sus peticiones los términos mismos de las disposiciones cuya adopción solicitaban. Fueron los *Billae forman actus in se continentes* —las peticiones en forma de ley—. Al rey no le quedó ya más que la facultad de aceptar o rechazar en bloque el texto propuesto; lo esencial del poder legislativo había pasado desde entonces al Parlamento. Éste elaboró, desde el siglo XVI, un procedimiento de deliberación (tres lecturas, comisiones, etc.) cuyos rasgos generales aun hoy subsisten.

La Corona tardó en admitir esta revolución. Por espacio de varios siglos pretendió conservar la facultad de legislar, por medio de ordenanzas dadas en Consejo privado, en competencia con las cámaras, y esa pretensión suscitó graves conflictos entre ella y el Parlamento.

Conflictos entre la Corona y el Parlamento en materia legislativa

Bajo la dinastía de los Tudores, estos conflictos son relativamente raros. Enrique VII, Enrique VIII e Isabel, soberanos autoritarios pero discretos, tienen más apego a la realidad que a las apariencias del poder. Amañando y alargando periódicamente la lista de «buenas villas» asistidas del privilegio de elegir diputados, ejerciendo presión de todas las formas sobre los miembros de las dos Cámaras, se las arreglan para tener Parlamentos dóciles a sus antojos.

Con los Estuardos cambia la situación, y los soberanos pretenden no solo levantar impuestos, en caso de necesidad, sin el consenso del Parlamento, sino, además, legislar sin el concurso de este último.

Después de la Restauración de 1660, Carlos II y sobre todo Jacobo II se esfuerzan por recobrar algo de la regia prerrogativa. Vacilan, con todo, en legislar por sí y ante sí, pero estiman que pueden «dispensar» a tal o cual categoría de sus súbditos de la observancia de determinadas leyes votadas por el Parlamento —en particular, de aquellas que castigan a los católicos con una especie de indignidad nacional.

Omnipotencia final del Parlamento

Como consecuencia de la Revolución de 1688, el *Bill de Derechos* de 1689 y el *Act of Settlement* (Ley de Sucesión) de 1700 prohíben categóricamente semejantes prácticas.

Las formas exteriores no cambian. El soberano conserva, en teoría, el derecho a negar su sanción a un *bill* votado por las Cámaras y, si la otorga, el *bill* sigue siendo «decretado por la Excelentísima Majestad del Rey, conforme al parecer y con el consentimiento de los lores espirituales y temporales reunidos en Parlamento»(1).

Pero de hecho, a partir de 1707, la sanción no se niega nunca, y la ley es obra solamente de las Cámaras.

(1) Tal es aún hoy en día la fórmula de promulgación de las leyes en Inglaterra.

La doctrina del «derecho divino» está definitivamente condenada. El monarca ya no es más que el primer servidor de la nación. Y el Parlamento puede limitar a su arbitrio los poderes reales, e incluso transferirlos a quien juzgue más digno. En rigor, lo puede todo, «salvo cambiar a un hombre en mujer».

Carácter oligárquico de la Revolución de 1688

La «gloriosa Revolución» de 1688 está lejos, sin embargo, de haber sido una revolución democrática, ni muchísimo menos. Obra de unas cuantas grandes familias enriquecidas, en la época de la Reforma, por la confiscación de los bienes monásticos, y que supieron explotar el «antipapismo» virulento de las masas, no tarda en ser confiscada por esas grandes familias, a las que se alían los grandes comerciantes.

A los Tudores, y todavía, a veces, a los Estuardos, les había ocurrido apoyarse en el pueblo bajo. Éste va a ser ignorado sistemáticamente por los oligarcas que han de regir a Inglaterra —no sin gloria— durante todo el siglo XVIII y parte del XIX.

Esos hombres conseguirán, desde luego, hacer pasar del monarca al Parlamento la realidad de la soberanía. Pero ese Parlamento lo convertirán en cosa exclusivamente suya, ocupando ellos personalmente la Cámara de los Lores y guarneciendo la de los Comunes con sus hijos, sus sobrinos o sus paniaguados. Habrá que esperar hasta 1832 para que se introduzca un cambio en un sistema electoral que data del siglo XIV y que desde hacía mucho tiempo había dejado de asegurar una representación, por poco fiel que sea, del pueblo inglés.

4. EL PARLAMENTO Y LO JUDICIAL

Jurisdicción de las Cámaras

El *Magnum Concilium* de los reyes normandos y angevinos tenía, en virtud del principio feudal según el cual un hombre libre no podía ser juzgado más que por sus pares, jurisdicción sobre sus miembros. Además, en tanto que Consejo del Rey, asistía a éste en el ejercicio de sus funciones de sumo justiciero.

La Cámara de los lores, heredera del *Magnum Concilium,* sucedió a éste en sus atribuciones judiciales: por una parte siguió siendo el tribunal ante el que debía llevarse obligatoriamente todo proceso criminal intentado contra un par del reino; por otra parte, cuando la jerarquía judicial se hubo precisado, la Cámara pasó a ser la jurisdicción suprema a que podía apelarse de los fallos de los Tribunales ordinarios.

Esta última calidad la puso frecuentemente en conflicto con el Consejo privado o con la emanación del mismo, la «Cámara estrellada», que pretendían, en ciertos casos graves, administrar justicia en última instancia, en nombre del rey. En el curso del conflicto que le alzó contra Carlos I, el «Parlamento Largo» abolió la «Cámara Estrellada». Desde entonces, el Consejo privado no volvió a ejercer jurisdicción a no ser sobre los «territorios de allende los mares». En la Gran Bretaña propiamente dicha, la Cámara de los lores quedó como único tribunal supremo.

A la larga pareció chocante que unos fallos dados por Tribunales compuestos de juristas eminentes pudieran ser revisados por una Asamblea cuyos miembros tenían por toda calificación su vocación hereditaria. Así se estableció en el siglo XVIII el uso de que cuando la Cámara se reuniese en calidad de Tribunal supremo solo vinieran a tomar asiento en ella aquellos lores que desempeñasen o hubiesen desempeñado altas funciones judiciales. Pero habrá que aguardar a 1876 para que se introduzcan en la Cámara Alta «lores ordinarios de apelación».

Con todo, cuando la Cámara de los lores juzgaba en el orden criminal a uno de sus miembros, o cuando los Comunes presentaban ante ella algún *impeachment*, todos sus miembros laicos se hallaban presentes (los pares eclesiásticos se abstenían porque «la Iglesia tiene horror a la sangre»)[1].

Pero no era solo la Cámara alta la que poseía atribuciones judiciales; también la Cámara de los Comunes tenía las suyas: a ella estaba reservado exclusivamente el privilegio de entablar los procedimientos de *impeachment*; ella sola juzgaba la validez de las elecciones de sus miembros; podía hacer comparecer ante su presencia y castigar a todo individuo culpable de haberle faltado al respeto o»infringido sus privilegios»; por último, se arrogaba el derecho a castigar ciertos delitos políticos.

Confusión de los poderes legislativos y judiciales

En cuanto a las dos Cámaras, cuando actuaban de consuno, les era lícito dar *bills of attainder*, fallos emitidos en forma de leyes y sin haber oído al acusado. Estos *bills of attainder*, cuya práctica cesó, afortunadamente, a fines del siglo XVII, constituían a veces verdaderos asesinatos políticos.

Finalmente, las peticiones que emanaban de particulares o de colectividades y que reclamaban una legislación de interés local (*private bills*), eran —y siguen siéndolo— examinadas primeramente por una comisión parlamentaria que funcionaba dentro de las formas judiciales, con audiencia de testigos y de abogados.

Esta confusión del poder legislativo y del poder judicial se le escapó a Montesquieu. En rigor, la «separación de poderes» nunca fue elevada en Inglaterra a la categoría de principio.

5. EL PARLAMENTO Y EL PODER EJECUTIVO

El poder ejecutivo, prerrogativa real

El Parlamento tardó mucho antes de pretender ejercer una acción directa en el gobierno de los negocios públicos, y, cuando lo pretendió aún tardó más en descubrir el mecanismo que le permitiera hacerlo sin tropiezos.

Nadie dudaba, en la Edad Media, de que lo que hoy llamamos el Poder Ejecutivo fuese de exclusiva incumbencia de la regia prerrogativa. Solo se pedía al soberano que no se apartase, en el ejercicio de esa prerrogativa, de ciertos usos y de ciertas reglas consuetudinarias. Era cosa admitida, en particular, que el soberano, antes de tomar una decisión grave, debía rodearse de consejos.

---

(1) Los Lores condenados a la horca tenían —y tienen aún— el privilegio de ser ahorcados con ayuda de una cuerda *de seda*.

El Consejo privado

Era ésta, originariamente, una de las funciones esenciales del *Magnum Concilium* de los reyes normandos y angevinos, y, aún hoy, los miembros de la Cámara de los lores, heredera del *Magnum Conciliiim,* conservan un derecho teórico de acceso individual al soberano. Pero ese *Magnum Concilium,* que solo se reunía a intervalos espaciados, resultó pronto numeroso en demasía para poder ser consultado habitualmente, y fue su emanación restringida, la *Curia regis,* la que se convirtió, en torno al príncipe, en órgano motor del gobierno.

Desde la época de Enrique II Plantagenet se vio esa *Curia regis* escindida en dos secciones, una puramente judicial, administrativa la otra; esta última tomará, en el siglo XIII, el nombre de *Consejo permanente;* luego, en el XV, el de *Consejo privado.*

El Parlamento se esfuerza por conseguir que los consejeros del rey asuman la responsabilidad de sus consejos

El Parlamento considera no sin desconfianza a ese organismo sobre el que no tiene ningún poder. A mediados del siglo XIII, y luego a fines del XIV, se envalentona hasta pretender elegir los miembros del Consejo. Pero esas tentativas —como la que en 1356 hacen en Francia los Estados Generales— solo conocen efímeros éxitos, y pronto recobra el rey su derecho a designar él solo su círculo íntimo.

El Parlamento se esfuerza por conseguir al menos que los consejeros del monarca sean conocidos y tomen públicamente la responsabilidad de sus consejos; ése es el objeto de la «ley de los sellos», que en 1536 viene a codificar una práctica ya antigua: en virtud de ese texto, ninguna ordenanza, ningunas cartas patentes pueden ser refrendadas por el canciller con el Gran Sello que las autentifica, sin una orden firmada de puño y letra reales y sellada primeramente con el sello que tiene en depósito un secretario de Estado, y luego con el Sello privado confiado a un guardasellos particular.

El «Impeachment»

Este pesado mecanismo[1] va, desde luego, contra los principales consejeros de la Corona, pero en modo alguno significa su subordinación con respecto al Parlamento. Cuando éste quiere desembarazarse de algún ministro, se ve forzado a recurrir a un procedimiento jurídico-político, el del *Impeachment.*

El *Impeachment* es una acusación decretada por la Cámara de los Comunes y presentada a la de los lores. Su característica es el no basarse en un crimen o delito calificado, sino en una culpa de orden político. Los Comunes manejaron por vez primera en 1376 esta temible arma.

Caído en desuso en los siglos XV *y* XVI (se prefieren a él los *bills of attainder,* condenas pronunciadas en forma de leyes), el *Impeachment* resucita en el XVII, en detrimento del canciller Bacon; se torna frecuente con ocasión de la gran lucha sostenida por el Parlamento contra Carlos I, y les cuesta la cabeza al conde de

[1] Complicado aún más en el siglo XVII, simplificado luego a mediados del XIX, «origen de la formalidad del «contreseeing» o refrendo ministerial prescrito por casi todas las constituciones modernas.

Strafford y al arzobispo Laud. Pero la ficción según la cual «el rey no puede obrar mal» y la responsabilidad de sus actos ilegales incumbe tan solo a sus consejeros no podía mantenerse mucho tiempo ante un soberano tan imbuido de sus prerrogativas como Carlos I; éste toma las armas contra un Parlamento al que juzga rebelde, es vencido, y se ve a su vez conducido al cadalso.

Busca de una fórmula de responsabilidad política colectiva

Después de la Restauración de 1660, los Comunes recurrieron al *Impeachment* contra varios de los ministros de Carlos II, y, luego, de Jacobo II. Pero el mismo abuso que hacen de este instrumento, y la gravedad de sus consecuencias, incitan a contemporáneos sesudos como Sir William Temple a buscar un medio menos brutal de asegurar un concurso armonioso entre las miras de los consejeros de la Corona y las del Parlamento[1].

La fórmula que al fin se abrirá pasó será la de la responsabilidad colectiva y política del Gabinete, en substitución de la responsabilidad individual y penal de cada ministro. No dejará de haber sus tanteos para encontrarla, y no resultará de un texto preciso, sino de una serie de usos nacidos al albur de las circunstancias.

6. EL «RÉGIMEN DE GABINETE»

Origen del sistema

Después de la Restauración de 1660, Carlos II tomó la costumbre de reunir periódicamente a un pequeño número de consejeros en los que tenía confianza y que sabía, de otra parte, que eran escuchados por el Parlamento. A estas reuniones semiclandestinas y que bien pronto pasaron a ser el centro donde se tomaban las grandes resoluciones, se les dio el nombre de «Cábala», y luego el de «Consejo de Gabinete». De ellas formaban parte, como es natural, los titulares de los primeros empleos administrativos —canciller, tesorero, secretarios de Estado. Pero a su lado se encontraban asimismo dignatarios como el guardasellos privado, el presidente del Consejo privado y el lord Chambelán.

La composición del Gabinete variaba, por lo demás, a voluntad del soberano. Por eso no constituía más que un grupo oficioso de «servidores confidenciales de Su Majestad»; el Consejo oficial de la Corona seguía siendo, en teoría, el Consejo privado.

No podía menos de instituirse una especie de solidaridad entre personajes así asociados, por una parte a la dirección de la política general, y por otra a la de los principales servicios públicos. Esa solidaridad, al comienzo precaria y vacilante, se reforzó después de la Revolución de 1688; los ministros, amenazados en sus empleos, en sus bienes y acaso en sus vidas, por la eventualidad de una restauración jacobita, cobraronconciencia de la necesidad en que se hallaban de formar un frente común. Las intrigas en el seno del Gabinete se hicieron menos agudas, y cada cual dejó de atender únicamente a su propio juego.

Aparición del Primer Ministro

Con todo, para que la solidaridad ministerial se afirmase era menester que cristalizara en torno a una personalidad dominante.

---

(1) El último *Impeachment* se produce en 1805.

Carlos II era demasiado mañero, Jacobo II demasiado absoluto, Guillermo III demasiado autoritario, Ana demasiado antojadiza para soportar junto a sí la existencia de un verdadero primer ministro.

Pero cuando, con los dos primeros Jorges, subieron al trono unos soberanos que no conocían nada de su reino, la fuerza de las cosas quiso que uno de los «servidores confidenciales» de la Corona se separase de los demás y viniera a ser, dada la incompetencia regia, el verdadero jefe del Gabinete.

Fue, tras un período de tanteos, Sir Robert Walpole quien aseguró indiscutiblemente, en 1720, ese papel.

Su único título oficial era el de primer lord comisario de la Tesorería, y siempre se negó enérgicamente a ser calificado de primer ministro. Cuando, ante una votación hostil de los Comunes, abandonó el poder, no por eso dejó de quedar establecida la institución.

Antes de que ésta alcanzara todo su esplendor, conoció diferentes períodos de oscurecimiento. En el caso del Gabinete constituido en 1756 es difícil decidir quién es el verdadero Primer Ministro, si el primero de los Pitt o Newcastle. En el ministerio formado en 1806, Fox, secretario de Estado, tiene desde luego más peso que Grenville, primer ministro nominal. Pero éstas no son más que excepciones de la regla que sigue precisándose. Desde fines del siglo XVIII, cuando se afirma la personalidad del segundo Pitt, el primer ministro tiende a convertirse en un jefe de gobierno en el pleno sentido de la palabra, que solo está en relación con el rey y somete él solo a su aprobación la lista de sus colegas.

El Gabinete, agente de la Mayoría parlamentaria

Carlos II presidía naturalmente las reuniones del Gabinete. Así lo hicieron, después de él, Jacobo II, Guillermo III y la reina Ana. Pero cuando, en 1714, pasó el trono a la dinastía hannoveriana, resultó que Jorge I no sabía inglés. Cansado de asistir a unas discusiones que no podía seguir, dejó bien pronto a sus consejeros deliberar sin él. Se estableció entonces una costumbre que ha sido constantemente observada después: el uso en virtud del cual el soberano británico no asiste nunca a los consejos de Gabinete.

Así, los miembros de este último tendieron a mirar mucho menos del lado de un príncipe con el que solo raramente trabajaban, y mucho más del lado del Parlamento, sin cuyo concurso no podían en rigor trabajar.

Jorge III, que a diferencia de sus dos predecesores había nacido en Inglaterra y se sentía inglés, trató de reaccionar. Después de haber sufrido durante diez años la arrogancia de los grandes aristócratas, constituyó, bajo la dirección de Bute, un Gabinete al que impuso sus modos de ver personales. Ese Gabinete no pudo sostenerse mucho tiempo, y el antiguo equipo volvió al poder. Pero en 1770, el rey, que era obstinado, encomendó de nuevo los negocios públicos a un Gabinete compuesto de «amigos» personales y presidido por lord North.

Nadie negó el derecho constitucional del soberano a proceder así; la opinión británica consideraba todavía que el gobernar era cosa del monarca, como lo era del Parlamento el otorgar el impuesto, defender las libertades de los súbditos y criticar a los ministros.

Pero los resultados de la iniciativa real se evidenciaron desastrosos: nada menos que la pérdida de las colonias americanas. En 1782, ante la hostilidad del Parlamento, el Gabinete North dimitió en pleno, y, al aceptar el encargo de constituir un nuevo ministerio, lord Rockingham estipuló que ese ministerio aplicaría desde el poder la política que sus miembros habían sostenido en la oposición; es decir, una política exactamente contraria a la del monarca. Jorge III tergiversó, habló de retirarse a Hannóver, y luego acabó por ceder.

Al año siguiente con todo, llamó a gobernar a unos ministros que desde su primer contacto con los Comunes fueron objeto de un voto de censura. No por eso dimitieron. Pero tenían por jefe al segundo Pitt, personaje de muy otra envergadura que Bute y que North.

Pitt hizo disolver el Parlamento, y las elecciones le devolvieron una mayoría favorable. Seguro del apoyo de la nación, nunca se consideró, por lo demás, como «el hombre del rey», y, después de haber ocupado gloriosamente el poder por espacio de trece años, lo dejó antes que inclinarse, a propósito de la emancipación de los católicos, ante la testarudez de su señor.

Desde comienzos del siglo XIX, la regla queda establecida: «El rey no puede obrar mal»; es decir, que debe actuar lo menos posible; la realidad de la autoridad ha pasado a manos del Gabinete, agrupado en torno al primer ministro y apoyado en la mayoría parlamentaria, pero apelando de ésta, en caso de necesidad, al cuerpo electoral.

Interpenetración del Ministerio y del Parlamento

El apoyo del Parlamento, que había acabado por ser indispensable para los ministros, hubiera corrido peligro de resultar singularmente precario si éstos últimos no hubiesen tenido con las Cámaras contactos habituales que les permitiesen «tomarles el pulso», vigilar la fidelidad de sus partidarios y responder inmediatamente a las críticas de sus adversarios.

El mejor medio de asegurar esos contactos era, evidentemente, que los ministros formasen parte de las Cámaras.

En lo que tocaba a la de los lores, no había ninguna dificultad: una importante fracción de los «servidores confidenciales» de la Corona había sido elegida siempre entre los pares del reino, y no podía tratarse de que el paso de uno de esos pares a una función ministerial le privase del derecho hereditario que poseía a ocupar un escaño en la Alta Asamblea.En la Cámara baja, la cuestión se planteaba diferencialmente: los Comunes habían mirado siempre con recelo el que uno de sus miembros fuese investido de un empleo de nombramiento regio; veían en ello algo así como una corrupción. En 1700, un artículo del *Act of Settlement* llegó incluso a estipular que ningún funcionario podría ser al mismo tiempo miembro de la Cámara de los Comunes. De haber sido mantenida esta disposición, lo que hoy llamamos el régimen parlamentario no hubiera podido establecerse en la Gran Bretaña, y probablemente no existiría en parte alguna. Afortunadamente, desde 1705 se volvió sobre el artículo en cuestión, y ciertos empleos importantes pudieron volver a confiarse a los diputados, a condición de que éstos se sometiesen a la reelección.

Esta ampliación correspondía tan estrechamente a una necesidad, que muy pronto pasó a ser obligatorio el que no solo los miembros del Gabinete, sino los altos funcionarios cuyo conjunto constituía el ministerio formasen parte de una u otra Asamblea[1].

Esta interpenetración del personal gubernamental y del personal legislativo tuvo como consecuencia natural cierta subordinación del primero respecto del segundo y, al mismo tiempo, cierto ascendiente de éste sobre aquél; los ministros tendieron a considerarse como emanación de la mayoría parlamentaria de que, en cuanto pares o diputados, formaban parte. Recíprocamente, esa misma mayoría propendió a mirar a los ministros, no como a representantes de un poder distinto y a veces adverso, sino como a jefes y guías a cuyos impulsos convenía obedecer.

Durante gran parte del siglo XVIII, sin embargo, la corrupción pura y simple siguió siendo el medio de acción parlamentaria más eficaz de que disponía el primer ministro. Walpole, y Bute después de él, fueron maestros en este arte. Pero poco a poco fue estableciéndose entre los ministros y las Asambleas un vínculo más fuerte, y sobre todo más duradero: el de la solidaridad partidista.

7. NACIMIENTO DE LOS PARTIDOS

Origen de los partidos políticos en la Gran Bretaña

Antes del siglo XVII, se habían conocido en Inglaterra partidarios de tal o cual pretendiente a la Corona, amigos del rey, adversarios de la corte, «papistas» y «protestantes», pero nada que se asemejase a un partido en posesión de una doctrina política coherente. Pero cuando la del «derecho divino» llegó a ser profesada oficialmente por Jacobo I, y luego por Carlos II, la doctrina contraria tomó cuerpo en el Parlamento y en el país. La contienda se acaloró al soplo de las pasiones religiosas, y, en el curso de la guerra civil que se siguió, los «Caballeros» chocaron violentamente con los «Cabezas redondas». El triunfo de estos últimos sobrevivió a duras penas a la muerte de Cromwell, y Carlos II, restaurado, quiso más bien gobernar con hombres que con ideas.

Sin embargo, ya desde su reinado se reanimó la antigua oposición entre partidarios de la «no resistencia» a la voluntad real, por una parte, y defensores de los «derechos imprescindibles» del súbdito británico, por otra.

Los tories y los whigs

Se empieza a poner apodos a esas dos facciones, que desde entonces tienden a convertirse en partidos: el primero será el de los *tories* (primitivamente: rebeldes católicos de Irlanda); el segundo, el de los *whigs* (originariamente: insurrectos presbiterianos de Escocia).

Pero los *whigs* de tiempos de Carlos II no se parecen del todo a los «Cabezas redondas» de poco antes. Estos últimos se encontraban sobre todo en los medios burgueses y populares. Los principales jefes de aquellos son aristócratas cuyas familias se han enriquecido en tiempos de la Reforma y que saben utilizar, en bien de sus intereses, el «antipapismo» radical y la «conciencia no conformista» de las masas.

---

[1] La distinción entre el Gabinete y el Ministerio subsiste en nuestros días. Los miembros del Ministerio que no forman parte del Gabinete no participan en las deliberaciones gubernamentales. Su suerte no deja por ello de estar ligada a la del Gabinete; suben al poder y lo dejan al mismo tiempo que él.

Jacobo II, hermano y sucesor de Carlos II, menos dúctil que éste, resucita, atenuada apenas, la teoría del «derecho divino» y se inclina hacia el catolicismo. Ante la insurrección popular fomentada por los *whigs*, tiene que huir, y la corona pasa a su hija María y a su yerno Guillermo de Orange, que reinan conjuntamente.

La «Gloriosa Revolución» de 1688 instaura en Inglaterra por largos años el reinado de una oligarquía: la de los dinastas *whigs* y de sus aliados los potentados del comercio marítimo.

Al principio, la energía de Guillermo III tiene un tanto a raya a esa oligarquía, que se ve luego amenazada durante algún tiempo por la versatilidad de la reina Ana. A la muerte de ésta, los oligarcas dan una especie de golpe de Estado y traspasan la Corona a un hannoveriano, pariente de los Estuardos por línea femenina.

La época de los dos primeros Jorges es la edad de oro de los grandes *whigs*. Ocupando casi ellos solos la Cámara de los lores, dominan a la Cámara de los Comunes, cuya duración legal extienden a siete años (salvo en caso de disolución). El soberano, que les debe la corona, no es más que un juguete suyo. Del seno de la oligarquía se toman los ministros. No siempre de acuerdo y disputándose acérrimamente sinecuras y pensiones, se muestran unánimes, sin embargo, en su voluntad de conservar solo para sí el poder y sus ventajas.

Frente a los magnates *whigs* y a su clientela, los *tories* parecen harto impotentes. Sin embargo, estos fieles de la dinastía caída y de la Iglesia anglicana son todavía muy numerosos en Inglaterra entre los *squires* regulares, entre los pequeños y medianos cultivadores, entre los *clergymen* anglicanos y la gente de leyes. En Escocia están probablemente en mayoría[1]. Pero ¿qué pueden hacer cuando todos los puestos importantes les están vedados? A lo sumo, en multitud de casas solariegas provincianas se bebe a la salud del rey, pasando el vaso por encima de una botella de agua, lo cual quiere decir: «¡Por el soberano que está en el destierro, al otro lado del agua!»

Sin embargo, después de la derrota de Culloden, que ha echado por tierra, en 1746, toda esperanza de restauración de los Estuardos, los *tories* evolucionan.

Abandonando su posición antidinástica y por ende subversiva, se erigen, por oposición a los *whigs*, en defensores del poder real, incluso ejercido por un hannoveriano. Su teorizador es Bolingbroke, que escribe: «El Rey patriota debe reinar y gobernar. ¿Por qué habría de obedecer a las órdenes de un Gabinete, de unas cuantas grandes familias, de un Parlamento que no representa al país? A él es, por el contrario, a quien toca convertirse en campeón de sus súbditos contra los oligarcas».

Los *tories*, que han encontrado de este modo una plataforma popular, conquistan numerosos puestos en la Cámara de los Comunes, y Jorge III les abre generosamente las puestas de la de los lores. Los ministerios dirigidos por Bute y por North, aun cuando no sean exactamente emanaciones del partido *tory*, están compuestos sobre todo de *tories*. Se derrumban bajo el peso de sus yerros, pero el segundo Pitt

[1] Escocia, que desde Jacobo I tenía el mismo soberano que Inglaterra, fue unida a ésta en 1707. Desde esa fecha, ambos países tienen un Parlamento común (pero no una legislación común).

forma bien pronto un Gabinete duradero, que goza del apoyo de la opinión y se halla en gran parte emancipado de la tutela de los oligarcas[1]. Desde ese momento, el partido *tory* constituye, con el mismo título que el partido *whig*, un elemento esencial de la vida pública en la Gran Bretaña. De 1783 a 1830, conserva casi sin interrupción el poder.

El «gobierno de partido»

A favor de su larga retirada a la oposición, el partido *whig* sufre una honda transformación interna. Los jefes de los viejos clanes, que soportaban mal el permanecer indefinidamente alejados del poder y de sus granjerías, han acabado, en su mayor parte, por irse con Pitt. Pero en su mismo medio hay jóvenes aristócratas como Charles Fox y Charles Grey, que tienen horror al oportunismo de sus mayores y elaboran una doctrina nueva: mientras la Gran Bretaña está en plena lucha contra la Revolución francesa, y luego contra Napoleón, ellos se atreven a afirmarse por principio demócratas y pacifistas. Condenados primero al ostracismo, acaban por hacerse escuchar, porque, de todas maneras, son «gente de mundo». Su *neo-whiggismo* acabará por ser el partido liberal, que tendrá su ala derecha, de tendencias imperturbablemente aristocráticas, y su ala izquierda, que reclamará en el orden político, e incluso en el social, profundas reformas.

Todavía no hay disciplina ni estricta organización de partido, y el paso de un campo a otro no es raro. Pero el Parlamento no deja por eso de estar dividido entre dos partidos bien delimitados, uno de los cuales, el que está en mayoría en los Comunes, ocupa el poder, mientras que el otro se acantona en una oposición sistemática. Para tener posibilidad de llegar al ministerio hay que pertenecer a uno u otro de esos dos partidos.

Las Cámaras han salido definitivamente victoriosas de su largo combate contra la Corona. La vida política se concentra en el palacio de Westminster, cuyos ecos hace resonar la elocuencia de los Pitt, de los Fox, de los Burke, de los Sheridan, y luego de los Canning, de los Grey y de los Burdett; el régimen parlamentario ha llegado, en el Reino Unido[2], a su período clásico.

8. EL PARLAMENTO EN VÍSPERAS DE LA REFORMA DE 1832

Carácter del parlamentarismo británico a principios del siglo XIX

Un buen gobierno debe ser a la vez eficaz y libre.

Eficaz, el del Reino Unido lo es ciertamente a principios del siglo XIX; testimonio de ello es el resultado de la larga lucha que ha sostenido contra la Revolución y el Imperio. Libre lo es también, en el sentido de que los súbditos británicos tienen el derecho indiscutido de reunirse, hablar, escribir, criticar a los ministros, y están a cubierto de toda detención arbitraria.

Pero ese Gobierno, lo repetimos, no es en modo alguno democrático. Lo es, incluso, menos que en la Edad Media, menos aún que en tiempos de los Tudores,

---

(1) Pitt, nutrido entre los *whigs*, nunca confesó ser *tory*. No por eso deja de ser el verdadero fundador del moderno *torysmo*.

(2) Es el nombre que toman los tres reinos cuando, en 1801, el Parlamento de Irlanda se ve incorporado al de Gran Bretaña.

cuando la Cámara de los Comunes podía pasar por ser un espejo, sobre poco más o menos fiel, de la nación.

Arcaísmo del régimen electoral antes de la reforma de 1832

Hasta 1832, el régimen electoral sigue siendo lo que era en el siglo XV; un número limitado de «burgos», cuya lista apenas ha variado desde Isabel, tiene el privilegio de enviar cada uno dos «burgueses» a ocupar sus escaños en los Comunes; un privilegio semejante pertenece a aquellos habitantes de la «tierra llana» poseedores de bienes raíces que produzcan una renta anual de cuarenta chelines; éstos envían dos «caballeros» por condado (que de hecho pueden ser labradores, pero que han de justificar una renta en tierras de veinte libras esterlinas al menos).

Es evidente que muchos de los «burgos» que en los siglos XV o XVI tenían una importancia justificativa de su privilegio han venido considerablemente a menos después. En cambio, ciudades que recientemente han adquirido considerable desarrollo siguen privadas de toda representación. Old Sarum, que ya no es más que un recuerdo, sigue teniendo sus dos diputados; en cambio, Manchester, que cuenta más de cien mil habitantes, no tiene un solo diputado.

En el interior mismo de los «burgos» privilegiados, la «franquicia electoral» tiene de todo menos de democrática. Varía según los lugares y conforme a las antiguas cartas. Aquí pertenece a todos los habitantes masculinos y adultos; allá, al alcalde y a algunos consejeros; en otra parte, a los propietarios de determinados parajes. En la mayoría de los casos, no goza de ella más que un puñado de personas.

Si a esto se añade que las votaciones son públicas, y que los escrutinios están a veces abiertos más de un mes, se echará de ver la influencia que la clase dominante puede ejercer, unas veces por la corrupción, otras con la amenaza, en las elecciones.

En el siglo XVIII, de seiscientos cincuenta y ocho miembros de la Cámara de los Comunes, cuatrocientos ochenta y siete deben su escaño al favor de doscientos dieciocho grandes terratenientes. En 1817 se calcula que, de cuatrocientos cinco diputados de los «burgos» ingleses, más de la mitad son designados, de hecho, por aproximadamente doscientos cincuenta individuos. El resto es elegido por un cuerpo electoral que no pasa de cien mil personas.

Los miembros de la Cámara de los lores tienen naturalmente, en tanto que grandes propietarios, una influencia determinante en los escrutinios: lord Lownsdale hace elegir, él solo, nueve miembros de los Comunes; los lores Hertford y Fitz William, ocho cada uno. Cuando estos potentados no designan por sí mismos al elegido de sus preferencias, venden pura y simplemente el escaño parlamentario a algún plutócrata. Existe una cotización variable para esas transacciones.

Evolución de la Cámara de los lores en su composición

Es de notar que, contrariamente a la Cámara de los Comunes, la de los lores no ha cesado, desde mediados del siglo XVIII, de ver ensancharse su base.

Como consecuencia de la unión de Inglaterra con Escocia y luego con Irlanda, cierto número de pares escoceses e irlandeses adquirieron el derecho a tomar asiento en la alta Asamblea de Londres, siendo elegidos los primeros por sus colegas por la duración de cada Parlamento, y los segundos nombrados de por vida, igualmente por sus colegas.

Sobre todo, los soberanos, obrando por consejo de unos Gabinetes ganosos de robustecer su mayoría, han adquirido la costumbre de abrir ampliamente las puertas de la Cámara de los lores a personalidades más distinguidas por sus talentos, su fortuna o sus servicios políticos que por su cuna. Durante su largo ministerio, el segundo Pitt duplica casi el número de los pares del reino.

El carácter «abierto» de la alta aristocracia británica ha contribuido al mantenimiento de su prestigio y le ha impedido llegar a ser impopular. Sin embargo, a la larga, la extensión cobrada por la Cámara alta acabó por disminuir su poder real. En 1825, Wellington puede decir ya, exagerando acaso: «A todo el mundo le importa un comino la Cámara de los lores; los Comunes son los que lo hacen todo». Pero, individualmente, los pares, sobre todo cuando son también —cosa frecuente— grandes propietarios, siguen siendo, hasta 1832, poderosísimos.

Identidad del mundo parlamentario y del «gran mundo». Consecuencias

La vida parlamentaria británica se baña en una atmósfera familiar y mundana, en el siglo XVIII y a comienzos del XIX.

Cualquiera que sea, de los dos, el gran partido a que estén vinculados, o cualesquiera que sean las disputas que los dividan en el interior de un mismo partido, pares del reino y miembros de la Cámara de los Comunes pertenecen al mismo medio, han sido educados en las mismas *public schools,* en las mismas universidades, tienen el mismo gusto por las letras latinas, por la caza del zorro y por el vino de Oporto, forman parte de *clubs* semejantes y se encuentran en los mismos salones.

Por otra parte, suelen ser parientes o estar emparentados unos con otros. El hecho de que el jefe de una familia noble sea, en Gran Bretaña, el único que asuma el título, mientras que los demás miembros de la familia solo ostentan el patronímico, no debe impedirnos constatar que hijos y sobrinos de lores llenan una buena cuarta parte de los bancos de los Comunes, estando ocupadas otras dos cuartas partes por primos suyos más o menos lejanos. Se llaman por su nombre de pila o por algún mote que data de los días de Eton y de Cambridge. Gente que en el curso de una sesión se ha interpelado violentamente, sale junta de Westminster para irse a cenar con las mismas mujeres; en los *week-ends y* en el intervalo de las temporadas parlamentarias, esa misma gente vuelve a encontrarse en los castillos ancestrales, en los Hipódromos y en las landas en que se tira al *grouse*[1]. Desde luego, las grandes familias *whigs* se mantienen un tanto dentro de su reserva, y se mezclan apenas con los que no pertenecen a su círculo. Sus miembros no dejan por eso de frecuentar constantemente a los *tories* de calidad.

Al confundirse el mundo parlamentario y el gran mundo, se sigue de ello que reglas parlamentarias y reglas de buena sociedad se asemejan mucho: la misma cortesía exterior que no excluye veladas perfidias; idéntico respeto a unos usos no escritos, pero absolutamente imperativos; idéntico ostracismo para los que ignoran

---

(1) Gallo silvestre.

esas reglas o no las observan; la misma importancia concedida a la etiqueta; un diputado debe saber que nunca hay que llamar por su nombre, estando en sesión, a un colega, y que no hay que decir «la Cámara de los lores», sino «otro lugar», como debe saber que no se galopa, en una cacería a caballo, delante del montero mayor, y que, a la mesa el primogénito de un conde tiene precedencia sobre un secretario de Estado que no ostente un título nobiliario.

Las consecuencias de estas costumbres rebasan, por lo demás, el dominio de las convenciones. Hay «cosas que no se hacen» con un cuñado, incluso con un camarada de círculo, como, por ejemplo, si él es primer ministro y uno mismo miembro del Gabinete, ponerle en un aprieto presentando estrepitosamente la dimisión so pretexto de escrúpulos de conciencia. Si se ha abandonado el procedimiento del *impeachment* y si, en lugar de mandar al cadalso o a presidio a los ministros que han cesado de agradar a la mayoría, los diputados se contentan ya con devolverlos a sus bibliotecas y a sus parques, quizá sea en cierta medida porque los miembros de esa mayoría conocen demasiado bien, mundanamente, a los miembros del ministerio.

Aparición del pueblo

En todo esto, apenas se trata para nada del pueblo. Este último, sin embargo, no está por completo ausente de las preocupaciones de la casta dirigente. Por lo demás, sabe hacerse recordar de ella por medio de publicistas virulentos, de mítines monstruos y, si a mano viene, amotinándose. Por eso no abriga ningún odio hacia unos amos que no le oprimen ostensiblemente, no le abruman a impuestos, no le someten al servicio militar, respetan su «conciencia protestante», le dan el espectáculo de su lujo y de sus cacerías de zorros y se ajustan, en suma, por lo que a él se refiere, lo mismo que se ajustan entre sí, a la»regla del juego».

Será menester la «Revolución industrial» de principios del siglo XIX para que, no las masas, sino las clases medias lleguen a exigir que se les dé parte en la gestión de los negocios públicos.

No sin trabajo, conseguirán un comienzo de satisfacción: ése será el objeto de la reforma electoral de 1832. Sus efectos no resultarán inmediatamente perceptibles, y el parlamentarismo británico presentará todavía durante un tiempo bastante largo el aspecto aristocrático, convencional, complicado y equilibrado que había acabado por serle peculiar en los albores del siglo XIX.

Pero a la reforma de 1832 siguieron otras; las «masas» penetrarán, no sin prudencia, en un dominio que ellas mismas consideraban hasta entonces como reservado a las «clases»; se plantearán nuevos problemas. Y finalmente, a pesar de la constancia de las apariencias externas, las instituciones políticas de la Gran Bretaña tomarán —y ello será una nueva prueba de su adaptabilidad— un carácter a la vez democrático y plebiscitario que hubiera lastimado profundamente a los contemporáneos de Pitt y de Fox.

CAPÍTULO II

EL PARLAMENTO BRITÁNICO DESDE 1832 HASTA NUESTROS DÍAS

1. LAS REFORMAS ELECTORALES

La reforma de 1832

El año 1832 constituye una fecha cardinal en la historia del parlamentarismo británico; es la de la primera gran reforma electoral.

En la Gran Bretaña, desde comienzos del siglo XIX, a favor de las guerras contra Francia *y* de la «Revolución industrial», ha llegado al bienestar, y frecuentemente a la opulencia, una nueva clase: la de los fabricantes, manufactureros y comerciantes de nota, a los que puede añadirse los grandes rentistas.

Seria, laboriosa, nutrida de la Biblia, esa clase no ha tardado en impacientarse al ver que el poder político seguía siendo patrimonio de los aristócratas y de los grandes propietarios.

Por lo demás, antes que a suplantar a la casta dominante, esos nuevos favorecidos por la fortuna aspiran a ocupar un puesto en aquélla. Su esnobismo, tanto como sus intereses, los convierte en conservadores sociales; pero como el partido *tory* se presenta esencialmente como el de la propiedad territorial, se van al partido *whig,* que siempre ha coqueteado con los negocios.

Las revoluciones que en 1830 agitan el continente europeo no dejan de tener repercusión en el Reino Unido. Las elecciones llevan a los Comunes una mayoría *tory* reducidísima. A fines del año, el ministerio que preside el duque de Wellington dimite; le sustituye un gabinete *whig* dirigido por lord Grey, el antiguo compañero de luchas y placeres de Charles Fox.

Gabinete que de todo tiene menos de democrático, y cuyos miembros todos, fuera de dos, son lores. Pero sus tendencias son liberales, y el 1 de marzo de 1831 presenta a la Cámara de los Comunes un *bill* de reforma electoral.

Todo el reino se apasiona en pro o en contra. Los *tories* ven en el proyecto de lord Grey un ariete que va a desmoronar en sus cimientos más antiguos el edificio de la Constitución británica. Los *whigs,* y con ellos toda la pequeña burguesía, y una parte de las masas populares inclusive, creen encontrar en el proyecto la llave que ha de abrir las puertas de oro de un porvenir de libertad y prosperidad.

Opiniones harto exageradas, una y otra. Con la perspectiva del tiempo, extraña que el *bill* haya podido suscitar tan prodigiosa emoción: si, en efecto, suprime total o parcialmente la representación de ochenta y seis «burgos podridos», si transfiere a las grandes ciudades hasta entonces privadas de diputados los puestos que de esa manera quedaban vacantes, si desembaraza al sistema electoral de algunas, por lo menos, de las supervivencias medievales que lo agarrotaban, y si ensancha la base del derecho al sufragio, no por ello deja de conservar la antigua distinción entre «diputados de los burgos» y «caballeros de los condados», no establece el voto secreto, y mantiene un régimen estrechamente censual; en lugar de quinientos mil electores, habrá desde ese momento en la Gran Bretaña alrededor de un millón[1].

No es menos intensa la agitación política suscitada por la reforma propuesta. La Cámara de los Comunes, que ha rechazado en segunda lectura el *bill*, es disuelta. La que le sucede lo vota, pero entonces es la Cámara alta la que a su vez manifiesta una oposición que al pronto parece irreductible.

Grey pide al rey Guillermo IV que se declare dispuesto a crear nuevos pares en número suficiente para cambiar la mayoría. El soberano vacila, y por un momento piensa en volver a llamar a los *tories* al poder. Finalmente, por consejo de Wellington, que estima que «debe asegurarse en todo caso el gobierno del rey», los lores ceden, y el 4 de junio de 1832 se adopta definitivamente la reforma.

Está lejos ésta de tener los devastadores efectos que tanto sus partidarios como sus adversarios esperaban de ella: en rigor, lo nuevos electores votan sobre poco más o menos como los antiguos, y no tardan en volver a llevar a los *tories* al poder. El personal parlamentario tampoco cambia gran cosa. Se ha dicho que el inglés es «un animal de costumbres», y sigue eligiendo de preferencia a los miembros de las familias que desde hace largo tiempo está habituado a ver en lugar destacado. En 1865, la cuarta parte de los diputados estará todavía emparentada con las treinta y una «grandes familias gobernantes» del reino. Solo que, si los actores siguen siendo los mismos, ya no van a representar exclusivamente para las butacas y los palcos, sino también para las segundas galerías; por añadidura, se ocuparán menos de los intereses de la gran propiedad, y más de los de los consumidores; un primer ministro *tory*, Sir Robert Peel, es quien va a tomar la iniciativa de la derogación de las *Corn Laws*.

Reforma de 1867

Treinta y cinco años después, en 1867, es otro *tory* —*tory*, a decir verdad, de una especie harto nueva—, es Benjamín Disraeli quien hace votar una segunda reforma electoral. También ésta aparece por el momento como un terrible «salto en lo desconocido»; tiene sobre todo por objeto rebajar por modo muy sensible el censo electoral en las ciudades. Toda la pequeña burguesía recibe desde ese momento el derecho al sufragio, y el número de electores pasa a ser de unos dos millones y medio. Pero tampoco esta vez se deja sentir mucho en la composición de la Cámara de los Comunes el efecto de la medida.

---

[1] Verdad es que, por la misma época, la proporción de los electores era todavía más débil en Francia.

Establecimiento del escrutinio secreto, y medidas contra la corrupción

En 1872, nueva e importante reforma; se suprime el modo de escrutinio tradicional, según el cual cada elector, por turno, subía a uno de los tablados y declaraba su voto en voz alta, mientras que, en torno suyo, la muchedumbre de no electores aplaudía o protestaba. En lugar de ello se instaura el voto mediante papeleta secreta. Los escrutinios, sin embargo, siguen estando abiertos un número considerable de días, a veces más de veinte.

Además, una ley de 1883 viene a reglamentar estrictamente la naturaleza y el total de los gastos que cada candidato está autorizado a hacer con ocasión de unas elecciones (esta ley será objeto de varias enmiendas sucesivas; actualmente, el máximo de los gastos electorales está señalado en 6 peniques por elector, en las circunscripciones rurales, y 5 peniques en las urbanas, lo que todavía permite a un candidato gastar de 500 a 1.000 libras esterlinas durante su campaña electoral). La sanción de las infracciones es la invalidación pronunciada por los tribunales.

Esta doble reglamentación va a privar a las campañas electorales inglesas del color que antes presentaban: ya no se verán más electores desplomarse borrachos perdidos en torno a los toneles de cerveza espichados en las plazas públicas; el tráfico de sufragios, semioficial, desaparece; desaparecen asimismo las pandillas armadas de garrotes y precedidas de orfeones que acudían a veces a poner sitio a los colegios electorales. Mr. Pickwich, si resucitase, no volvería a encontrar las costumbres electorales del pueblecito de Eatanswill.

La implantación del escrutinio secreto, sin embargo, da como efecto llevar, a aquellos ciudadanos que no tienen aún derecho al sufragio, a interesarse menos que antaño en unas elecciones que ni siquiera constituyen ya para ellos un espectáculo y una ocasión de llenar la andorga: el foso entre el «país legal» y el otro corre peligro de volverse más ancho.

Reforma de 1884

Los estadistas británicos tienen un sentido demasiado agudo para no sentir el peligro, y pronto llegan a la conclusión de que se impone una nueva y amplia reforma. Son los liberales, ahora, los que toman la iniciativa, bajo la dirección de Gladstone. La *Ley para la Representación del pueblo*, de 1884, suprime la mayor parte de los vestigios arcaicos subsistentes en el sistema, rebaja poderosamente el tipo del censo, sobre todo en el campo, y con ello hace subir a ocho millones trescientos cincuenta y siete mil el número de electores. Los escrutinios, con todo, siguen estando abiertos durante un largo periodo, y los electores que por la multiplicidad de sus residencias o de sus fincas disponen de varios derechos de voto, pueden, desplazándose, ejercerlos todos.

De esta vez, el cambio se marca; el ruedo político se ve abierto a un número mucho mayor de competidores; apenas hay ya situación local que parezca bastante fuerte para que valga la pena de intentar su asalto, y las «elecciones no discutidas» (aquellas en que, por presentarse un solo candidato, queda proclamado electo desde el primer día del período electoral) se vuelven raras. Por vía de consecuencia, la composición del Parlamento se modifica. Indudablemente, los miembros de los viejos clanes —Cavendish, Cecil, Russell, Stanley, Churchill, Grey, Fitzmaurice— siguen surtiendo el banco del Gobierno y el primer banco de la oposición, no solo en la Cámara de los lores, sino también en la de los Comunes. Indudablemente, en esta última, hacia 1900, se sientan aún 217 diputados pertenecientes a familias aristocráticas; pero al lado de ellos se ven ahora numerosos representantes de la pequeña industria, del comercio, de las profesiones liberales, e incluso algunos secretarios de sindicatos obreros. En el seno mismo de los ministerios aparecen, en lugar honorable, *self made men* como Joseph Chamberlain, John Burns, y bien pronto David Lloyd George.

En 1911, esa relativa «democratización» de los Comunes va a ser facilitada por una ley que decide que el acta parlamentaria, hasta entonces gratuita, llevará desde entonces aparejadas unas dietas anuales de 400 libras esterlinas por año (elevadas a 600 libras en 1937 y a 1.000 en 1946). Dietas relativamente modestas, pero que no por eso dejan de permitir, a hombres desprovistos de una posición económica, probar fortuna en el terreno electoral. (El voto por poder no está admitido en el Parlamento británico, y los miembros de éste se hallan obligados a una asiduidad quel hace difícil el ejercicio de una profesión ajena).

Reforma de 1918, y establecimiento del sufragio universal para ambos sexos

Se sigue estando bastante lejos del sufragio universal, sin embargo, cuando la guerra de 1914 a 1918 viene a obligar a la Gran Bretaña a adoptar una medida que repugna a sus tradiciones: el servicio militar obligatorio.

Al quedar sometidos desde ese momento al impuesto de sangre todos los ciudadanos varones, resultó imposible no llamar a todos a participar en la elección de una Cámara de los Comunes que ya no tiene por función esencial la de representar a los contribuyentes. Por otra parte, la campaña iniciada en 1912 por la intrépida Mrs. Pankurst en favor del voto femenino ha dado sus frutos, y aparece flagrante la injusticia de mantener fuera de la vida política a la mujer británica, que tantas pruebas ha dado de su aptitud para los negocios (tanto más, piensan algunos, cuanto que el instinto de conservación de las mujeres podrá contrapesar útilmente las consecuencias de la extensión del derecho de sufragio masculino).

Desde 1915 se reúne, para estudiar la cuestión, una conferencia que comprende representantes de todos los partidos. El 28 de marzo de 1917 se presenta un proyecto de ley. No sin vivos debates, el proyecto es votado por ambas Cámaras, y el 6 de febrero de 1918 recibe la sanción real la nueva *Ley para la Representación del Pueblo.*

El régimen electoral actual

Esa ley constituye todavía (fuera de las enmiendas introducidas en 1928) la Carta electoral de la Gran Bretaña. Con arreglo a sus disposiciones, son electores todos los súbditos y súbditas de Gran Bretaña e Irlanda del Norte mayores de veintiún años (de veinticinco solo para las mujeres, según la ley de 1918; pero esta desigualdad fue suprimida en 1928), que gocen de sus derechos civiles y que no sean pares del reino[1]. Para poder ejercer el derecho al voto, basta, o bien residir en una circunscripción, o bien ocupar en ella un establecimiento profesional, o bien

---

(1) Los pares, por representarse a sí mismos en la Cámara de los lores, nunca han tenido derecho a participar en la elección de la de los Comunes. Sin embargo, aquellos pares de Irlanda que no hayan sido elegidos por sus colegas para que los representen en la Cámara alta son electores *y* elegibles a los Comunes.

ser originario de la circunscripción y servir en ultramar, sea en la marina, en el ejército o en la aviación.

La Gran Bretaña cuenta ahora unos catorce millones de electores y diez y seis millones de electoras (el 60% de la población, contra el 4% en 1831). El sufragio universal, cuya adopción proponía ya en 1793 el duque de Richmond, se halla establecido en Gran Bretaña sobre una base tan amplia como cabe en lo posible. Por lo mismo, la Cámara de los Comunes ha cesado definitivamente de representar, como era su antigua función, colectividades históricas, condados que datan de la época sajona, y «buenas villas» medievales; representa la yuxtaposición de los individuos británicos.

Solo dos supervivencias del antiguo sistema subsisten en el nuevo:

La primera es el «voto de ocupación»: el elector que en una misma circunscripción es a la vez residente y ocupante de un establecimiento profesional, puede votar dos veces, una por cada una de esas calidades (poseen este privilegio alrededor de trescientas setenta mil personas).

La otra supervivencia es la representación de las Universidades: doce actas están reservadas a esa representación en la Cámara de los Comunes; se proveen por votación entre los universitarios con títulos, que de esa manera disponen de una papeleta electoral suplementaria (se hallan en este caso ciento treinta y cinco mil antiguos estudiantes).

La elegibilidad

En cuanto a la elegibilidad, se confunde ahora prácticamente con el electorado. Los antiguos censos están abolidos, y todos los electores, lo mismo que todas las electoras, pueden presentarse en cualquier circunscripción. Siguen estando excluidos, sin embargo, los eclesiásticos anglicanos, presbiterianos y católicos, los funcionarios del Estado, salvo los ministros(1), y los proveedores habituales de los servicios públicos.

Anomalías del sistema y proyectos de reforma

Desde 1918, el escrutinio, fuera de algunas excepciones, se abre en la misma fecha en todas las circunscripciones del reino, y solo permanece abierto durante un día. (Con todo, los candidatos que no tengan competidores siguen siendo proclamados electos sin que se proceda a votación). Además, a los miembros de las fuerzas armadas que sirvan en ultramar se les autoriza a enviar sus papeletas electorales por correo.

El escrutinio no admite más que una sola vuelta. Debido a esto, y en el caso, hoy habitual, de presentarse más de dos candidatos por la misma circunscripción, uno de ellos puede ser elegido sin haber recibido la mayoría absoluta de los sufragios. En las elecciones de 1923, de 615 miembros de los Comunes, 209 se encontraron en este caso, y 309 en las elecciones de 1929. Por eso la Cámara solo ofrece, en

(1) Más arriba se ha visto que una ley de 1705, volviendo sobre una medida votada en 1700, ha permitido a los miembros del Ministerio ser al mismo tiempo miembros de la Cámara de los Comunes. Así y todo, un diputado nombrado ministro tenía que volver a presentarse obligatoriamente ante sus electores; esa obligación ha desaparecido en 1926.

general, una imagen singularmente deformada del estado de los partidos en el país; en 1945, por ejemplo, los laboristas obtuvieron 393 puestos con 11.992.292 votos; los conservadores, 189 puestos con 8.665.556 votos, y los liberales 12 actas, solamente, con 2.239.668 votos. Puede calcularse que, para tener un electo, el partido laborista ha necesitado por término medio 30.500 sufragios, el partido conservador 46.000, y el partido liberal 186.000.

Estas anomalías no conducen a los ingleses a reclamar, a falta de mayoría absoluta, una segunda vuelta de escrutinio; el ejemplo francés Ies ha demostrado qué enfadosos chalaneos llevaba aparejados esa segunda vuelta. Pero las anomalías en cuestión mueven a ciertos ingleses a preconizar, o bien la representación proporcional (que trae obligatoriamente consigo el escrutinio por lista), o bien el voto alternativo que, al mismo tiempo que mantiene el escrutinio uninominal, da al elector la facultad de designar, entre los candidatos competidores, su «segunda preferencia».

Los partidarios del sistema actual hacen observar, por una parte, que ese sistema asegura un estrecho contacto entre electores y elegidos, y, por otra parte, que tiene la ventaja de dar mayorías gubernamentales en masa; lo importante para la oposición, añaden, no es ser numerosa; es existir, y puede desempeñar perfectamente su papel cualquiera que sea su importancia numérica.

De hecho, como al partido que está en el poder le gusta siempre verse representado tan ampliamente como quepa en lo posible, parece poco probable —al menos por el momento— que se modifique un modo de escrutinio a que están ya avezados los británicos, y cuyas injusticias no hieren profundamente su espíritu pragmático.

Duración de los Parlamentos

Originariamente se convocaba el Parlamento por una duración indeterminada. Solo se terminaba cuando el soberano que lo había convocado pronunciaba su disolución, o bien cuando ese soberano moría.

Esta situación duró hasta fines del siglo XVII, cuando una ley estipuló que la duración de un Parlamentó no podría en ningún caso exceder de cinco años[1]. Este período, extendido a siete años en 1716, ha vuelto a ser fijado en cinco en 1911. Por lo demás, rarísimamente ocurre que un Parlamento muera por expiración normal de sus poderes; las más de las veces, es disuelto antes. Excepcionalmente, durante las guerras de 1914-1918 y de 1939-1945, es lo contrario lo que se produjo: para evitar unas elecciones generales impracticables, se votaron *bilis* que aplazaban de año en año el término legal. Pero apenas hubieron cesado las hostilidades (en 1945, aún no había ocurrido con respecto al Japón), cuando la disolución intervino.

Una ley de 1867 ha decidido que, en el porvenir, el fallecimiento del soberano no supondría ya la disolución.

---

(1) Se dice el Parlamento, y *no* los Comunes solamente. En efecto, los poderes de la Cámara de los lores expiran al mismo tiempo que los de la Cámara de los Comunes; solo que, en los Parlamentos sucesivos, se convoca siempre obligatoriamente a los mismos pares o, después de ellos, a sus herederos (excepción hecha de los pares representativos de Escocia, que solo son elegidos por sus colegas por la duración de una legislatura).

Dimisión de los diputados

En recuerdo de los tiempos en que representar a un condado o un burgo en la Cámara de los Comunes se consideraba una carga más bien que un privilegio los diputados no tienen, en principio, derecho a dimitir de sus funciones. Pero, conforme al genio inglés, se sale del paso con una ficción: el candidato a la dimisión pide —favor que nunca se le niega— ser nombrado, o bien bailío de los Chiltern Hundreds, o bien senescal del solar de Northstead. Originariamente, estos dignatarios estaban encargados de reprimir el bandolerismo que bacía estragos en ciertas selvas reales. Los bandidos han desaparecido hace largos siglos, y las selvas han sido transformadas en pastos. Bailío y senescal perduran, sin embargo.

Ya no son más que sinecuras que no llevan aparejada función alguna, pero que, por depender de la Corona, son incompatibles con un mandato legislativo. Por su nombramiento, el interesado cesa automáticamente de ser miembro del Parlamento. A continuación, no tiene sino renunciar a su sinecura, que queda vacante hasta que vuelva a acudir a ella otro legislador ganoso de obtener su liberación.

Composición actual de la Cámara de los Comunes

La implantación del sufragio universal para entrambos sexos ha alterado inevitablemente el aspecto «adicionar de la Cámara de los Comunes; menos, acaso, de lo que se hubiera podido pensar; la Asamblea de Westminster sigue siendo de buen tono, respetuosa con las tradiciones, enemiga de los efectos oratorios fáciles y de las escenas de desorden.

Esas escenas son incluso más raras hoy que durante los últimos años del siglo XIX y los primeros del XX, en el tiempo en que los diputados irlandeses ponían en reclamar el *Home Rule* todo el brío de un temperamento apasionado y todos los recursos de un espíritu fértil.Desde 1922, la Irlanda del Sur (el Eire) ya no está representada en Westminster, y la Irlanda del Norte (que posee un Parlamento propio, con poderes limitados) no cuenta en los Comunes más que con trece diputados. Esta eliminación ha quitado cierto pintoresquismo a los debates, pero ha acrecentado su dignidad.

Si son mucho más numerosos que antes los periodistas, maestros y antiguos obreros que se sientan en los bancos de los Comunes, todavía se encuentra en éstos una mayoría de propietarios, de industriales, de comerciantes y de hombres pertenecientes a las profesiones liberales. En la Cámara elegida en 1945, que se compone de 640 miembros, el partido laborista cuenta con 393 diputados: menos de la mitad, contrariamente a la aneja costumbre del partido, son secretarios de sindicatos o antiguos obreros; los demás son abogados, médicos, periodistas, hombres de negocios, antiguos oficiales o funcionarios y miembros de la enseñanza; se encuentra incluso en sus filas algunos segundones de familias nobles que como tales tienen derecho al título de «honorable».

El inglés, a pesar de la reciente evolución de su psicología, sigue siendo «un animal de costumbre» que, entre dos candidatos que profesan las mismas ideas, se inclina a dar su preferencia al que, por tradición de familia, posea la experiencia de los negocios públicos.

Es incluso curioso constatar que, al lado de las antiguas dinastías políticas presentes en el Parlamento, tienden a constituirse otras nuevas salidas de *self made men:* Joseph Chamberlain había salido de la nada; de sus dos hijos, uno ha sido ministro de Relaciones Exteriores, y el otro primer ministro. David Lloyd George era, en sus orígenes, un abogado de provincia; hubo por un momento en los Comunes un partido que estaba compuesto no más que por él, su hijo y su hija. Ramsay Mac-Donald, primeramente jefe de los socialistas extremistas, ha visto a su hijo ministro después de él. Herbert Morrison, que empezó a abrirse camino en la vida como dependiente de una tienda de comestibles, y que es, en el gabinete Attlee, presidente del Consejo privado, tiene un yerno ministro de Agricultura.

Por lo que hace a las mujeres, aun cuando sean en la Gran Bretaña sensiblemente más numerosas que los hombres, están lejos de haber invadido el Parlamento, y su influencia en éste sigue siendo bastante débil.

La Cámara elegida en 1945 cuenta solo con veinticuatro, de ellas veintiuna laboristas. Algunas de estas diputadas han ocupado u ocupan con reconocida competencia puestos ministeriales. Es una mujer de rara inteligencia, Miss Wilkinson, la que tiene a su cargo la cartera de Educación en el gabinete Attlee.

2. LA CÁMARA DE LOS LORES

Composición de la Cámara de los lores

En tanto que se modificaban profundamente las bases del reclutamiento de la Cámara de los Comunes, la constitución histórica de la Cámara de los lores no ha sufrido alteraciones graves.

Sigue comprendiendo «lores temporales», pares del Reino que poseen, en grandísima mayoría, el derecho hereditario a ser llamados a cada Parlamento, y «lores espirituales», arzobispos y obispos anglicanos.

Como nunca se ha señalado límite alguno al privilegio que la Corona tiene de crear pares hereditarios, el número de «lores temporales» ha aumentado desmesuradamente desde hace ciento cincuenta años. A principios del siglo XIX no llegaba a 250; hoy pasa de 700, superando con mucho al de los miembros de los Comunes.

Los pares de Escocia continúan estando representados por 16 de ellos designados por sus colegas por la duración de cada Parlamento; los pares representativos de Irlanda son elegidos de por vida, pero, desde 1920, no son reemplazados cuando mueren.

Cualquiera que sea la calificación del par —ducado, marquesado, condado, vizcondado o baronía, etc.—, los derechos del titular de la dignidad son exactamente los mismos dentro del recinto de la Alta Cámara. Pero, aun cuando existan ahora mujeres diputadas, las «pares por derecho propio» no son admitidas todavía a tomar asiento en la Cámara de los lores.

Desde 1876 existe cierto número de «lores ordinarios de apelación» —siete hoy— que se sientan en Westminster, pero cuyo título es puramente vitalicio y cuyas funciones son sobre todo judiciales; más adelante las precisaremos.

Estos «lores ordinarios de apelación» son los únicos miembros de la Cámara alta que perciben retribución como tales. En cambio, la dignidad de par no es incompatible con ninguna función pública, a no ser la de diputado (aun así, los pares de Irlanda que no han sido elegidos por sus colegas para representarlos en el

Parlamento, son elegibles a la Cámara de los Comunes). El soberano crea nuevos pares a propuesta del primer ministro, y frecuentemente se ha visto que el mejor medio de alcanzar esa dignidad era subvencionar largamente a la caja del partido que ocupa el poder.

Proyectos de reforma

Esta arcaica composición de la Cámara de los lores, y el hecho de que su mayoría se haya afirmado siempre como conservadora, no han dejado de suscitar críticas violentas. Numerosos han sido los proyectos tendientes, si no a suprimir la Alta Asamblea, por lo menos sí a modificar radicalmente su reclutamiento.

Se trataba, en general, de abolir la vocación hereditaria de los pares del Reino a tomar asiento en Westminster. No hubieran seguido haciéndolo más que unos cuantos de entre ellos, elegidos por sus compañeros; la Cámara se habría completado, o bien con notabilidades nombradas de por vida, o bien con elegidos de los Comunes.

En 1911, una disposición del *Parliament Act* previo expresamente una reforma próxima de la Cámara de los lores; la disposición se quedó en letra muerta.

En 1917 se reunió, sí, para estudiar la cuestión, una conferencia que comprendía representantes de todos los partidos, y, en 1922, el Gobierno presentó un proyecto; pero nada de ello apasionó a la opinión.

Los conservadores vacilan en tocar a una institución venerable; en cuanto a los laboristas, aunque doctrinalmente partidarios de su supresión completa, se acomodan, de hecho, a una Cámara alta arcaica, pero a la que se le han recortado las uñas al rape. Sin duda la prefieren, inclusive, a una Asamblea más democrática y que, por lo mismo, poseería más autoridad. En el curso de la campaña electoral de 1945 no se ha planteado, por decirlo así, la cuestión de la Cámara de los lores.

Disminución del poder de los lores. El *Parliament Act* de 1911 y sus consecuencias

Si la composición histórica de la Cámara de los lores solo muy débilmente ha sido alterada, su poder, en cambio, se ha visto considerablemente reducido.

La votación de la reforma electoral de 1832 señala el comienzo de su decadencia política. A partir de ese instante, los lores dejan de tener influencia preponderante en las elecciones, y evitan, en la medida de lo posible, entrar en conflicto demasiado violento con la Asamblea popular. Una tentativa que hacen en 1860 para modificar medidas financieras adoptadas por los Comunes, no obtiene resultados inmediatos.

Sin embargo, no cesan de considerarse custodios de las instituciones fundamentales del reino, y como tales rechazan en 1893 un *bill* que concede una amplia autonomía a Irlanda, y luego, entre 1906 y 1908, varios proyectos gubernamentales de tendencias estatistas. Desde entonces empieza a hablarse entre los liberales de la necesidad de yugular a la Alta Asamblea.

Esta toma en 1909 una grave iniciativa; estimando que el proyecto de presupuesto presentado por el gabinete Asquith y adoptado por los Comunes tiene carácter revolucionario, lo rechaza en bloque. Este gesto, no exactamente inconstitucional, pero sí contrario a los precedentes, suscita profunda emoción. El 15 de diciembre de 1909 se disuelve el Parlamento. La Inglaterra eduardiana es todavía muy conservadora; a pesar del carácter latamente democrático de su programa, los liberales pierden en las elecciones 71 puestos. Conservan la mayoría, sin embargo, gracias al apoyo de los nacionalistas irlandeses y de los laboristas.

El Gobierno elabora inmediatamente un proyecto tendiente a reglamentar, en un sentido estrechamente restrictivo, los poderes de la Cámara de los lores. Pero la cuestión parece demasiado grave para no planteársela netamente al cuerpo electoral. En noviembre de 1910 interviene una nueva disolución; esta vez, los electores dan también la razón al Gabinete.

El primer ministro ha obtenido del nuevo rey Jorge V la promesa de crear, si es preciso, los cuatrocientos pares que harían falta para cambiar la mayoría de la Alta Asamblea. Ante esta amenaza, cuya ejecución hubiera equivalido a una sentencia de muerte, los lores se someten y el 10 de agosto de 1911 se resuelven a votar, por 131 votos contra 114, el *Parliament Act.*

Este texto constitucional —uno de los raros que posee la Gran Bretaña— tiene por objeto definir la competencia legislativa de la Cámara alta; a este respecto establece una distinción entre las leyes ordinarias y las leyes financieras (*money bills*).

Si un proyecto de ley ordinaria es rechazado por los lores después de haber sido aprobado por los Comunes, y si éstos vuelven a votarlo en el curso de una segunda y de una tercera sesión (votaciones que habrán de producirse en un período de dos años, por lo menos), la ley, no obstante la repulsa de los lores, será presentada a la sanción real (sanción que nunca ha sido negada desde 1707).

En cuanto a los proyectos financieros, si no han sido aprobados por los lores un mes después de haber sido adoptados por los Comunes, serán sometidos, sin aguardar nuevos plazos, a la sanción real. El *Speaker* de la Cámara de los Comunes es quien decide soberanamente si un proyecto es o no financiero.

De esta manera, la Cámara alta se ve prácticamente despojada de toda autoridad financiera. En todo lo demás no le queda otra cosa que el poder de retrasar, por espacio de dos años como máximo, la entrada en vigor de una medida adoptada por los Comunes.

En la práctica, las disposiciones del *Parliament Act* no han llegado nunca a tener efecto, y los lores, desde 1911, se han inclinado siempre a tiempo ante la voluntad claramente manifestada por la otra Asamblea.

Lo que queda de la influencia de la Cámara alta

En su grandísima mayoría, los miembros de la Cámara alta se abstienen, ordinariamente, de aparecer por la misma; pero los que a ella acuden habitualmente son hombres dotados de competencia, de experiencia y de notoriedad; muchos de ellos han pertenecido anteriormente a la Cámara baja; otros han sido embajadores, altos funcionarios o jefes militares distinguidos, y sus pareceres, que ninguna preocupación electoral viene a falsear, tienen un gran peso ante la opinión pública. En el curso de la guerra de 1939-1945, fueron a menudo los lores quienes mejor expresaron el profundo sentir de la nación, y es de notar que la prensa inglesa tiende a consagrar a sus debates un espacio cada vez mayor.

Por eso no ha perdido la Cámara alta nada de su derecho de iniciativa legislativa, y, por otra parte, el Gobierno juzga todavía conveniente, a veces, someterle tal o cual proyecto de ley de carácter no financiero; los lores, por último, no han renunciado en modo alguno a corregir los textos que los Comunes, después de haberlos votado, les han transmitido, acompañados de la vieja fórmula francesa: *«Soit bailé aux Seigneurs»*(1).

«A ceste bill, avec des amendements, les Seigneurs sont assentus»(2), es la fórmula inscripta en los proyectos así enmendados, y es raro que los Comunes no tengan en cuenta, en alguna medida, las sugerencias que se les proponen.

No por eso se halla menos disminuida la influencia efectiva de los lores, y éstos no podrían hoy, sin grave peligro para sí, retardar la entrada en vigor de una medida importante votada por los Comunes. ¿No era en el *Daily Herald,* órgano oficial del partido laborista en el poder, donde podía leerse, con fecha del 17 de diciembre de 1945, y a propósito de la ratificación de los acuerdos de Bretton Woods: «Si la Cámara de los lores rechaza las propuestas del Gobierno, firmará su propia sentencia de muerte»?

En la Gran Bretaña, un ministro no tiene asiento más que en aquella de las dos Asambleas de que es miembro. Esto excluye hoy para un par del reino la posibilidad de ser nombrado primer ministro. El último que lo ha sido fue, a fines del siglo XIX, lord Salisbury. En 1923, lord Curzon —que, sin embargo, era entonces la figura más descollante del partido conservador— se vio descartado en provecho de Stanley Baldwin, personalidad menos eminente, pero miembro de los Comunes. Desde entonces, nunca más ha vuelto a tratarse de confiar a un lord la dirección del Gabinete.

Si una ficción permite a un diputado, en caso de necesidad, renunciar a su acta, no existe ninguna que autorice a un miembro de la Cámara de los lores a dimitir de su condición de par. Por eso ocurre que el primogénito de un lord, hasta entonces brillante diputado, no se vea sin sentimiento trasladado obligatoriamente, a consecuencia de la muerte de su padre, a la Alta Asamblea. Con ello sale ganando una pequeña corona y un escaño vitalicio, pero pierde, a más de una retribución, toda posibilidad de llegar a ser algún día jefe del Gobierno.

3. OBJETO DE LAS REGLAS DEL PROCEDIMIENTO PARLAMENTARIO

Objeto de las reglas del procedimiento parlamentario

En un régimen parlamentario, el procedimiento de las Cámaras, o, si se quiere, su reglamento interno, tiene capital importancia. Es lo que, en la práctica, determina el funcionamiento del mecanismo; puede a su antojo acelerarlo, hacerle ir más despacio, o incluso falsearlo completamente.

Ese procedimiento, ni más ni menos que la misma Constitución, no ha sido codificado en Inglaterra. Resulta de cierto número de resoluciones (*Standing orders)* votadas por las Cámaras en épocas muy diversas, y también de múltiples usos nunca escritos, pero siempre respetados.

(1) «Remítase a los Señores».

(2) «Los Señores han dado su asentimiento, con enmiendas, a esta ley».

Ese conjunto de reglas ha tenido por objeto, primitivamente, asegurar un examen completo, serio y meditado, de las medidas sometidas a las deliberaciones del Parlamento. A los británicos, una nueva ley no les parecía cosa deseable en sí; la ley solo debía intervenir cuando la costumbre —la *Common law*— no estuviese clara o cuando tuviera evidentemente que ser completada; semejante innovación no podía decidirse a la ligera, y para que no se decidiera así se habían tomado todas las precauciones.

A partir de mediados del siglo XIX, sin embargo, al empezar a ensancharse el terreno legislativo, la prudencia dejó de ser para el Parlamento la virtud esencial. Tuvo que pensar en no dejarse atascar; de donde nuevas reglas encaminadas a acelerar los debates, hasta ahogarlos a veces por completo.

Al mismo tiempo, a medida que iba precisándose el derecho de las Cámaras a fiscalizar cotidianamente la acción gubernamental, hubo que pensar en precisar también las condiciones en que había de ejercerse esa fiscalización. De ahí otra serie de reglas y de usos.

El tiempo de que disponen las Cámaras en el curso de una etapa parlamentaria[1], se ve hoy dividido en dos partes perfectamente distintas; una está consagrada al examen de los proyectos de ley (leyes propiamente dichas, medidas financieras, leyes de interés local), y la otra está reservada a la crítica de la acción gubernamental.

Como entrambas Asambleas siguen procedimientos bastante parecidos, podemos limitarnos a resumir el que está en vigor en los Comunes.

Procedimiento en materia propiamente legislativa

Leyes propiamente dichas, primero. Tienen, en principio, por origen una iniciativa gubernamental, o bien una proposición presentada por un simple diputado. Hasta mediados del siglo XIX, esas proposiciones eran cosa corriente. Todavía se aceptaba como principio que el legislar no era normalmente de incumbencia del Gobierno. Pero la tendencia, desde entonces, ha sido restringir cada vez más el tiempo concedido a las propuestas de iniciativa parlamentaria, y alargar el consagrado al examen de los proyectos gubernamentales[2]. En el transcurso de la guerra de 1939-1945, se decidió, incluso, que solo esos proyectos podían pasar a discusión, y, terminadas las hostilidades, esta práctica ha sido mantenida a petición del Gobierno laborista[3].

---

(1) Ésta se abre generalmente a principios de noviembre y se cierra a comienzos de agosto (época de la apertura de la caza del *grouse*. En el intervalo, las Cámaras se declaran habitualmente en vacaciones entre Navidades y fines de enero. Durante la guerra, las vacaciones fueron reducidas al mínimo. De ordinario, es el rey en persona quien abre la sesión inaugural. Las más de las veces, clausura la etapa parlamentaria por medio de representantes.

(2) El discurso de la Corona, que inaugura cada etapa parlamentaria, enumera los *bilis* que el Gabinete tiene intención de hacer votar en el curso de la misma.

(3) «Debo asimismo prevenir a la Cámara», ha declarado Mr. Attlee el 16 de agosto de 1945, «que es intención del Gobierno pedir que todo el tiempo disponible se consagre a las cuestiones gubernamentales, y que solo se presenten los proyectos de iniciativa gubernamental».

El derecho de iniciativa de los simples miembros, de los *private members,* no está derogado, teóricamente, pero su ejercicio ha acabado, de hecho, por ser imposible; consecuencia, inevitable acaso, del reciente y prodigioso ensanchamiento del dominio en que interviene el Estado; pero también serio ataque a los principios sobre que se asienta el régimen parlamentario.

Los *private members* siguen ejerciendo, con todo, su derechos de enmiendas; pero solo tienen probabilidades de ser adoptadas aquellas enmiendas a las que el ministerio se adhiere. Por otra parte, sabido es que, desde 1713, la Cámara de los Comunes se ha prohibido votar ningún nuevo gasto o aumento de ellos que no vengan propuestos por la Corona —es decir, por el Gobierno.

Las fases de la discusión de un *bill*

La discusión de un proyecto de ley —de un *bill*— lleva consigo varias fases separadas por intervalos variables según la urgencia del tal proyecto. Ante todo viene la «primera lectura» que no es sino una formalidad que siempre se lleva a cabo sin debates.

Luego es la «segunda lectura», a la que acompaña una discusión general del proyecto, cuyos principios mismos se debaten entonces. Si la votación que sigue es favorable, se remite el *bill* a una comisión, que puede ser o bien una comisión permanente (*Standing Committes),* o bien una «comisión de la Cámara entera».

Las comisiones permanentes existen tan solo desde 1882. En la actualidad hay como media docena de ellas, cada una de las cuales se compone de 30 a 50 miembros. Estos son designados por una «comisión de selección», de manera que se asegure una representación proporcional de los diferentes partidos. Las comisiones permanentes no tienen ninguna especialización, salvo la que se ocupa de los asuntos de Escocia. Se las designa por letras: comisión A, comisión B, etc. El *Speaker* de la Asamblea es quien nombra sus presidentes; él es, asimismo, quien decide a cuál de las comisiones debe enviarse el proyecto de que se trate.

Los *bills* más importantes se someten a la «comisión de la Cámara entera»[(1)]. Compónese ésta de todos los diputados que se preocupen de asistir a ella, y sus reuniones se celebran en la gran sala de sesiones. Solo que el *Speaker* no ocupa su sillón, que permanece vacío, y las deliberaciones están dirigidas por un presidente (*Chairman*) especial, elegido por la Cámara y que toma asiento en la mesa de los oficiales del Parlamento. Además, la «maza» simbólica que de ordinario descansa en esa mesa, se quita, colgándose debajo de esta última.

En esa comisión se desarrolla la necesaria discusión de los artículos del proyecto y de las enmiendas sugeridas. Esta discusión, en la que nunca dejan de participar el ministro o los ministros interesados, tiene un carácter esencialmente práctico y jamás va acompañada de efectismos oratorios.

Cuando un texto ha quedado establecido definitivamente, se señala día para la presentación de su «informe» a la Cámara reunida en sesión ordinaria, con el *Speaker* en su sillón y la maza encima de la mesa.

---

(1) Durante la última guerra se enviaron a esta comisión todos los *bilis,* y las Comisiones permanentes no funcionaron. En cambio, la actividad de estas no cesa de aumentar desde el advenimiento del Ministerio laborista.

El *bill,* cuyo principio ha sido adoptado en segunda lectura y que ha recibido en la comisión su forma definitiva, es sometido entonces a la «tercera lectura». Se entabla una última discusión, pero no puede presentarse ninguna enmienda nueva.

Una votación final cierra la discusión, y luego se envía el *bill* a la otra Asamblea o, si ésta lo ha votado ya tal como está, es sometido al asentimiento real.

Si un *bill* propuesto en el curso de una etapa parlamentaria no ha sido adoptado definitivamente antes del fin de la misma, se considera caducado y, si se quiere volver a tomarlo en consideración, hay que volver a empezar todo el procedimiento.

Procedimiento en materia financiera

Las reglas que acabamos de resumir solo se aplican a las leyes propiamente dichas. En lo que atañe a las medidas financieras (*money bills),* el procedimiento es un tanto diferente.

Esas medidas se reparten en dos grupos: las aperturas de créditos *(supplies),* por una parte, y por otra la votación de los impuestos o de empréstitos *(ways and means).*

Jamás son sometidas a una comisión permanente, sino siempre a la «comisión de la Cámara entera», que toma, según los casos, el nombre de Comisión de Créditos o el de comisión de Vías y Medios. En el uno se trata de saber cuánto dinero se gastará; en el otro, cómo conseguir ese dinero.

Como se ha establecido la regla de no consagrar más de veintitrés sesiones a la discusión de los créditos (repartiéndose esas veintitrés semanas en más de seis meses), solo algunos de éstos dan lugar a un verdadero debate. Por eso es por lo que ciertos gastos —el servicio de la Deuda pública, la Lista civil, el sueldo de los jueces, etc.— están autorizados de manera permanente *y* no se someten cada año al Parlamento. Asimismo, varios impuestos tienen también carácter permanente (solo el *income tax y* el impuesto sobre el té deben obligatoriamente ser objeto de una votación anual).

El año financiero británico termina el 1° de abril. De Hecho, ni la comisión de Créditos ni las de Vías y Medios han terminado nunca sus trabajos antes de fines de julio. Para asegurar, en el entretanto, el funcionamiento de los servicios públicos, el Parlamento concede uno o varios «créditos de anticipo».

La ley que recapitula las aperturas de créditos y la que autoriza la percepción de los impuestos llevan respectivamente los nombres de *Appropriation Act* y de *Finanee Act.* Son esencialmente medidas financieras, y como tales escapan casi por completo a la fiscalización de la Cámara de los lores.

Es, por último, una comisión especial de la Cámara de los Comunes, la comisión de Cuentas públicas, la que está encargada de examinar, basándose en el informe del interventor-auditor general, la conformidad de los gastos efectuados con los créditos votados.

Los prívate bills y la legislación eclesiástica

Una tercera categoría de proyectos de ley está constituida por los *prívate bilis,* de interés particular o local. Se hallan sometidos éstos a un procedimiento especial que lleva aparejado un examen ante una comisión restringida de cuatro miembros, comisión que funciona de manera casi judicial. Las conclusiones de la comisión son, las más de las veces, adoptadas, sin más, por la Cámara.

Hay una tendencia reciente a sustituir estos *private bilis* por reglamentos provisionales (*provisional orders*) que los ministerios competentes promulgan en virtud de autorizaciones dadas por el Parlamento, reservándose éste un derecho de fiscalización.

Hay otro procedimiento especial que es aplicable a los proyectos de ley que afectan a la Iglesia anglicana. Desde 1919, estos proyectos son elaborados por la Asamblea nacional de la Iglesia y sometidos luego al Parlamento, que no puede hacer más que aprobarlos o rechazarlos en bloque. Así es como la Cámara de los Comunes, en 1927, se negó a sancionar unas modificaciones del ritual que a su juicio suyo trascendían un tanto de más a «papismo».

Restricciones aportadas a las deliberaciones

Ningún límite se señalaba antaño al tiempo que las Cámaras podían consagrar a la discusión de un proyecto. De ahí posibilidades de obstrucción que fueron, a fines del siglo XIX, larguísimamente explotadas por los diputados irlandeses.

En 1881, por primera vez, a raíz de una obstrucción que había durado cuarenta y una horas consecutivas, el *Speaker* hizo que la Cámara pronunciase la clausura del debate y el paso al escrutinio. En 1887, el expediente fue regularizado, y todo diputado recibió el derecho a proponer el cierre de un debate.

El mismo año, la Cámara introdujo en su reglamento el sistema llamado de la «guillotina»: cuando se presenta un proyecto de ley, puede asignarse a cada una de las fases de su discusión cierto número de horas; a la expiración de cada plazo se interrumpe automáticamente el debate y se saca a votación la cuestión.

Además, una *Standing order* de 1909, completada en 1919, ha autorizado al *Speaker* a hacer una selección entre las enmiendas propuestas. Las que él retenga serán las únicas que puedan ser objeto de discusión o de votación; es el procedimiento llamado del *kanguro,* porque hace saltar el debate, a grandes brincos, de un punto en otro.

Finalmente, una *Standing order* del 15 de noviembre de 1945 ha introducido en el seno mismo de las Comisiones permanentes el procedimiento de la «guillotina». Es una subcomisión designada por el *Speaker* la que señala de antemano el horario de las deliberaciones.

Esta reglamentación es menos severa en la Cámara de los lores. Pero en los Comunes, la creciente presión ejercida sobre los diputados por los partidos, de un lado *y* de otro por el gobierno, tiende a hacer los debates cada vez más rápidos —algunos dicen que cada vez más ilusorios—. La ley relativa a la abdicación de Eduardo VIII, presentada a los Comunes el 11 de diciembre de 1936, a las once y cuarto de la mañana, recibió el asentimiento real a la una cincuenta *y* dos de la tarde, después de haber sido votada, con arreglo a los trámites regulares, por entrambas Cámaras; durante la guerra de 1939-1945 se adoptaron importantes medidas legislativas en un plazo casi tan breve.

Dificultades encontradas por el Parlamento para dar cima a su tarea legislativa

Gran cuestión es hoy, evidentemente, en la Gran Bretaña como fuera de ella, la de saber si el Parlamento podrá, sin abdicar de hecho de su derecho de examen, seguir legislando en todos los terrenos a que el Estado extiende desde ahora su acción. Las sesiones permanentes, continuadas día y noche, corren peligro bien pronto de no ser ya suficientes para ello.

Durante la última guerra, las Cámaras han tenido que delegar parte de sus atribuciones, ya en el rey en Consejo privado (es decir, de hecho, en el Gabinete), ya en los diferentes departamentos ministeriales, y esa política tiende a persistir. No por eso es menos contraria a las tradiciones de un Parlamento que no ha olvidado del todo las luchas que sostuvo en el siglo XVII contra la realeza, para impedir que ésta legislase por medio de ordenanzas. Que el soberano sea sustituido ahora en la práctica por «los negociados», no quita nada a los peligros del método —antes al contrario, puesto que el rey era conocido, mientras que los negociados siguen siendo anónimos.

Mr. Herbert Morrison, uno de los principales ministros del actual Gabinete laborista, ha sugerido que el Parlamento debería, en lo porvenir, contentarse con discutir y adoptar los principios generales de una ley, dejando a la administración el cuidado de precisar sus detalles. Sería, en suma, largamente extendido, el método de los «reglamentos de administración pública», en vigor desde hace mucho tiempo en Francia.

Otro diputado, Mr. Jowitt, ha propuesto que se agregue a cada ministerio una comisión parlamentaria que examine de antemano los proyectos elaborados por ese ministerio, facilitando así su ulterior discusión ante las Cámaras.

Otros desearían la institución de Parlamentos locales que descargasen al de Westminster del estudio de todos los asuntos que no fuesen propiamente de interés nacional. Esos parlamentos locales podrían ser en número de tres: uno para Inglaterra, otro para Escocia, el tercero para el País de Gales.

Por último, ciertos reformadores aun más atrevidos preconizan la escisión del órgano legislativo en tres asambleas, una de cuya competencia serían las cuestiones políticas, la segunda para las cuestiones económicas, la tercera para las cuestiones culturales.

Es imposible precisar qué solución se adoptará en definitiva. A lo sumo cabe pensar que se inspirará en el espíritu práctico y en el sentido de transacción que, desde sus orígenes, no han cesado de animar la historia constitucional de la Gran Bretaña. (No está demás señalar que si el campo de acción del Parlamento británico, en el interior del reino, se ha extendido considerablemente, se ha restringido mucho, en cambio, por lo que toca a las dependencias exteriores. Desde 1921, la Irlanda del Sur escapa por completo a su autoridad. Lo mismo ocurre con los Dominios desde la adopción del Estatuto de Westminster en 1931, y casi otro tanto con la India desde el *Government of India Act* de 1935. El Parlamento, que un momento se llamó «imperial», apenas es ya más que el Parlamento de la Gran Bretaña y de la Irlanda del Norte.)

Procedimiento de la fiscalización parlamentaría sobre el Gobierno

Al lado de su misión legislativa, el Parlamento —más arriba se ha dicho— desempeña otra de igual importancia: la que consiste en fiscalizar al Gobierno. ¿Cómo se ejerce de hecho esa fiscalización?

Primero, con ayuda de las *questions*. El comienzo de cada sesión (salvo la del viernes) se consagra a hacer preguntas a los ministros. Cada pregunta ha sido anunciada por lo menos con veinticuatro horas de anticipación al ministro e impresa, con un número, en una lista distribuida a todos los miembros de la Cámara.

Llegada su vez, el diputado (o el lord) interpelador se levanta y declara simplemente que formula la pregunta número tantos. Entonces le toca al ministro (o a su suplente) levantarse y responder en unas cuantas palabras, o declarar que el interés público le impide responder. Cada pregunta puede ser completada con una «pregunta suplementaria» hecha verbalmente. Transcurridos los tres cuartos de hora, se hace alto, y se responde luego por escrito a las preguntas que no ha habido tiempo de abordar.

Este procedimiento, cuyo origen se remonta aproximadamente a 1850, pero cuyo gran desarrollo data de comienzos del presente siglo, es eficaz para impedir a las administraciones dormirse en la rutina. El Parlamento está, con justo título, muy apegado a él, y durante la última guerra se han planteado no menos de ochenta preguntas, por término medio, al Gobierno en cada sesión de los Comunes.

Si el interrogador no ha quedado satisfecho de la respuesta que se le ha dirigido, puede, con autorización del *Speaker*, plantear de nuevo su cuestión al final de una de las sesiones, «con ocasión del aplazamiento», y desarrollarla un poco más. El ministro competente replica, pero no interviene votación alguna. Como esos debates «con ocasión del aplazamiento» no pueden durar más de media hora, es la suerte la que decide entre los diputados, generalmente numerosos, que desean intervenir en ellas.

Cuando es un «voto de censura» o de «no confianza»(1) lo que se presenta, la discusión adquiere mayor amplitud y termina obligatoriamente en un escrutinio. Pero una discusión así no puede producirse sin la venia de la Cámara, venia que, en la práctica, solo se concede si el que presenta el voto es uno de los jefes reconocidos de la oposición.

Esta última encuentra de ese modo ocasión de manifestarse, al comienzo de cada etapa parlamentaria, en el debate sobre el «humilde discurso» redactado en respuesta al de la Corona. Las enmiendas presentadas para expresar el sentimiento de que no se haya pensado en ese discurso en tal o cual medida, son objeto de una discusión seguida de votación. En caso de adoptarse el voto, el Gobierno no podría hacer más que retirarse o pedir al rey la disolución del Parlamento. De hecho, esas enmiendas son rechazadas siempre, pero si una de ellas ha obtenido un número substancial de votos, el Gobierno no deja de tomarlo en cuenta en alguna medida.

Las críticas pueden expresarse, en fin, cuando la comisión de la Cámara entera examina las aperturas de crédito solicitadas por el Gobierno. Por sumario que ahora sea ese examen, todavía permite proponer reducciones «a título indicativo», cuya votación equivaldría a una censura.

La disciplina de los partidos hace hoy sumamente improbable el que un Gobierno sea puesto en minoría en la Cámara de los Comunes. Solo unas elecciones generales pueden modificar la mayoría y, por ende, traer consigo un cambio de Gobierno.

(1) El primero apunta a un acto particular del Gobierno; el segundo, a su política general.

Con todo, si la oposición apenas puede esperar ya derribar al Gabinete, por lo menos su derecho de crítica sigue intacto, y aquélla usa de él vigorosamente. Honra del Parlamento británico es no haber tratado nunca de limitar ese derecho. Hoy, no menos que en cualquier otro tiempo, se considera como un rasgo esencial del sistema.

La publicidad de las sesiones y sus actas

El funcionamiento de la máquina parlamentaria está sometido a la vigilancia de los ciudadanos gracias a la publicidad de las sesiones. Cosa curiosa: esa publicidad, que se remonta a fines del siglo XVIII, resulta solo de una tolerancia. Bastaría que un diputado se levantara y exclamase: «Observo que hay elementos extraños», para que el presidente se viese obligado a hacer evacuar las galerías. Esta fórmula ha sido empleada a veces durante la guerra para permitir a las Cámaras celebrar una sesión secreta.

Del mismo modo, hasta 1909 no se instituyó la publicación de un acta oficial taquigráfica de los debates. Antes era una empresa privada, fundada por un tal Hansard, quien aseguraba, bien o mal, esa información. El nombre de «Hansard» le ha quedado al texto oficial. Desde hace mucho tiempo, por otra parte, los grandes diarios, y singularmente el *Times,* publican un resumen bastante completo de las discusiones parlamentarias.

4. LA PRESIDENCIA DE LAS ASAMBLEAS

El Speaker de los Comunes. Importancia de su papel

Varias veces nos hemos visto obligados a señalar la importancia del papel del *Speaker,* del presidente de la Cámara de los Comunes.

Este papel ha ido en aumento desde mediados del siglo XIX. El *Speaker* no se limita ya a mantener el orden, a dirigir los debates, a elegir, entre varios miembros que piden la palabra al mismo tiempo (los diputados no «se inscriben» de antemano), aquél a quien conviene concedérsela, y a impedir que los oradores se salgan de la cuestión; desde 1882 designa los presidentes de las comisiones permanentes y decide a cuál de estas últimas habrá de remitirse tal o cual proyecto, desde 1909 puede desechar toda enmienda que le parezca ser repetición inútil de otra; desde 1911, en fin, juzga soberanamente del carácter financiero de un *bill* —es decir, de su posibilidad de ser enmendado por la Cámara de los lores. A alguien que le preguntaba cómo podía, sin riesgo de error, hacer frente a tales responsabilidades, el *Speaker* Lower le respondió: «El *Speaker,* como el papa, es infalible».

Al *Speaker* lo elige la Cámara al comienzo de cada Parlamento y por toda la duración de este, a reserva de la aprobación real. Ésta es «humildemente solicitada» por el nuevo elegido, al mismo tiempo que reclama la confirmación de los «antiguos e indiscutibles derechos y privilegios de los Comunes». Desde 1676, la respuesta real, significada por el lord Canciller, ha sido constantemente «graciosamente favorable».

Cualquiera que sea su origen político, el *Speaker* es reelegido siempre, en tanto él no se niegue a serlo. Desde hace mucho tiempo no se ha visto a un *Speaker* abusar de sus inmensos poderes y no mantener rigurosamente igual la balanza entre los partidos.

Antaño, sus funciones, que a veces atraían sobre sí la cólera del soberano, llevaban consigo cierto peligro, y no siempre eran aceptadas de buen grado. De esa época remota queda una tradición: cuando, el primer día de la reunión de un Parlamento, acaba de ser elegido el *Speaker,* dos diputados van a buscarlo a su banco y lo arrastran, como a la fuerza, al sillón presidencial. Una vez allí, hace ante todo protestas de su indignidad, y luego acaba por dar las gracias y aceptar.

El *Speaker* es el séptimo personaje del Estado que no sea de sangre real. Goza de una residencia en el palacio de Westminster y de un sueldo anual de diez mil libras esterlinas.

El *Chairman* que preside, sentado a la mesa de los oficiales, las sesiones de la «Comisión de la Cámara entera», tiene menos prestigio que el *Speaker,* pero dispone de una autoridad casi tan grande como la de éste.

El *Speaker* tiene a sus órdenes inmediatas al *Sergeant-at-Arms,* funcionario que asegura el orden material dentro del recinto de la Asamblea y que lleva la «maza», símbolo de la autoridad presidencial.

El Lord Canciller y el «saco de lana»

La Cámara de los lores está presidida por el lord Canciller, que es miembro del Gabinete y no posee los poderes del *Speaker* (al hablar, los oradores no se dirigen a él sino a «Sus Señorías»). Por eso se considera que el soberano se halla siempre presente en la Alta Asamblea; el Canciller no es más que su delegado y se sienta a los pies del trono, no en un sillón, sino en el curioso e incómodo sofá tapizado de tela roja, al que se llama tradicionalmente el «saco de lana»[1].

El «hidalgo ujier de la vara negra» es el mensajero habitual del lord Canciller, que dispone también, como el *Speaker,* de un *Sergeant-at-Arms.*

5. ATRIBUCIONES JUDICIALES DEL PARLAMENTO MODERNO

Restricciones aportadas a las atribuciones judiciales del Parlamento

Hemos visto ya, en el capítulo precedente, que el «Alto Tribunal del Parlamento» tenía históricamente importantes atribuciones judiciales.

Estas se han visto, en el curso del siglo XIX, sensiblemente reducidas: desde 1805, el procedimiento del *impeachment* ha caído en desuso; en 1868, la Cámara de los Comunes renunció, en provecho del Tribunal del Banco del Rey, a su derecho a ser juez de la elección de sus miembros. Pero la «comisión de privilegios» de la Cámara de los lores sigue decidiendo en los litigios por la dignidad de par; en 1936 se suprimió la facultad que tenían los lores acusados de crimen, de pedir que se lges juzgase ante la Cámara alta.

Verdad es que la Cámara de los lores sigue siendo el tribunal supremo de apelación para la Gran Bretaña e Irlanda del Norte; pero esto apenas es ya más que una ficción: en 1876, una ley, como hemos visto, autorizó al rey a crear cierto

(1) Hace unos años se echó de ver que el «saco de lana» estaba, en realidad, rehenchido de crin. Inmediatamente se abrió una suscripción para que ese relleno usurpador fuese sustituido por lana.

número de «lores ordinarios de apelación», no hereditarios. Esos «lores de apelación», hoy en número de siete, son elegidos entre los altos magistrados, y cuando la Cámara se reúne como Tribunal supremo, todos sus miembros, salvo esos siete y el lord Canciller (que es también un jurista), se abstienen de comparecer. Esta convención, por más que no esté escrita, no se infringe nunca. Así, mediante una transacción muy británica, ha venido a hallarse conciliado el respeto debido a una antigua institución con el cuidado de una administración competente de la justicia.

CAPÍTULO III

DESQUITE DE LA CORONA

1. EL REY

Poder del Parlamento, absoluto en teoría, limitado en la práctica

A principios del siglo XVII, el gran jurisconsulto Coke declaraba que «el poder y la jurisdicción del Parlamento inglés eran tan absolutos que no admitían límite alguno». Más tarde se ha dicho que el Parlamento «podía hacerlo todo salvo cambiar a un hombre en mujer».

Esto sigue siendo técnicamente cierto. Nada impide legalmente a las Cámaras trastornar por completo el Estado, modificar (salvo, desde 1931, acuerdo de los Dominios) el orden de sucesión al trono, incluso proclamar la dictadura o los soviets.

Pero, desde mediados del siglo XIX, aproximadamente, ha empezado a producirse un nuevo y curioso deslizamiento, que ha ido acelerándose: por un lado, la monarquía ha recobrado gran parte, si no de su antiguo poderío, al menos de su antiguo prestigio; por otro lado, y sobre todo, el Gabinete ha recuperado con creces todos los poderes que el Parlamento había arrancado trabajosamente a la Corona.

Nos encontramos hoy, en Gran Bretaña, en presencia de una doble ficción:

La primera es la de la soberanía del monarca; el Parlamento le ha despojado de ella hace mucho tiempo.

La segunda es la de la soberanía del propio Parlamento, cada vez más estrechamente limitada por el poder del Gabinete y del primer ministro.

Así se ha establecido un nuevo equilibrio, que está perfectamente dentro del genio de las instituciones británicas y que se revela, en conjunto, favorable a la buena marcha de los negocios públicos.

Prerrogativas teóricas del rey

Si no nos atuviésemos más que a las formas que apenas han cambiado desde la Edad Media, el rey de la Gran Bretaña aparecería aún como un cuasi-déspota.

Sigue siendo en derecho «fuente de toda justicia» y «fuente de todo honor»; el Parlamento solo de él toma su existencia, y él lo convoca o lo disuelve a su arbitrio; un *bilL* votado por las Cámaras no pasa a ser ley si no es por su consentimiento expreso; el pueblo es su pueblo; el Gobierno es su gobierno; los ministros son sus «servidores confidenciales», los lores sus «aMés eT féaux conseillers», los Comunes, sus «fieles Comunes»; los jueces y los funcionarios no son más que agentes suyos; la marina, el ejército y la aviación son su marina, su ejército y su aviación; tiene el derecho de gracia y el de amnistía; los ingresos del Tesoro son sus ingresos; los impuestos le son «gozosamente consentidos por sus obedientísimos y leales súbditos»; puede, con su sola autoridad, declarar la guerra, hacer la paz, concluir tratados, adquirir o ceder territorios; jamás podría exigírsele responsabilidades; todas las tierras del reino le pertenecen como a supremo soberano; es, en fin, cabeza de la Iglesia anglicana y de la Iglesia presbiteriana de Escocia.

Todo esto es, por supuesto, teórico, y el rey no ejerce ninguno de esos empavorecedores poderes. Se dice hoy que pertenecen a la «Corona», vaga expresión que encuentra en francés un equivalente en el término: «el Gobierno».

¿Quién ejerce, en la práctica, los derechos de la Corona? Por una parte, el Gabinete, que actúa bajo la fiscalización del Parlamento, y, por otra parte, cada vez mayor, los negociados.

Prestigio reciente de la monarquía en la Gran Bretaña

El soberano mismo, persona física, conserva una autoridad innegable: la que va unida al prestigio de que está rodeado y a los servicios que presta.

La veneración monárquica está lejos de ser un sentimiento muy antiguo entre los ingleses: secuestraron a Enrique III, depusieron y condenaron a muerte a Eduardo II, a Ricardo II, Enrique VI y Eduardo V; Ricardo III fue muerto en el momento de ser destronado, Juana Grey, Carlos I fueron decapitados; Jacobo II tuvo que huir; los dos primeros Jorges fueron objeto de indiferencia, de desprecio el cuarto, y Guillermo III de amable zumba.

La misma Victoria fue, en el comienzo de su largo remado, presa de la hostilidad de una gran parte de sus súbditos; la silbaban llamándola «Mrs. Melbourne» cuando iba a las carreras de caballos, más tarde se protestó contra la claustración en que, como consecuencia de su viudez, se confinó largo tiempo. Hasta el final, cuando de mujer se convirtió en institución, no se vio rodeada de un respeto que llegaba a la idolatría.

Eduardo VII el Pacificador supo no dejar periclitar esa herencia del prestigio, que todavía se aumentó en manos de Jorge V, el rey más popular acaso, con su sensata medianía, que haya conocido Inglaterra. Todo pareció comprometido un instante con las inconsecuencias de Eduardo VIII, pero una abdicación mañosa y rápidamente urdida volvió a poner pronto las cosas en orden, y hoy el rey Jorge VI y la reina Isabel aparecen rodeados de la estimación tanto como del cariño general.

Hacia 1840, los «cartistas» avanzados reclamaban la República; todavía se la oía pedir hacia 1870. Hoy, los socialistas declaran solemnemente que la abolición de la monarquía no es un artículo de su programa. Así, en el actual Gabinete laborista, el canciller del «Exchequer», Mr. Dalton, es hijo de un capellán de la reina Victoria, y el guardasellos privado, Mr. Greenwood, tenía gran amistad con el duque de Windsor cuando éste era príncipe de Gales.

En cuanto al propio primer ministro, Mr. Clement Atlee, es quien, el 15 de agosto de 1945, día de la capitulación del Japón, propuso a los Comunes que se votase un mensaje que empezaba así:

«Muy gracioso soberano: los obedientísimos y leales súbditos de Vuestra Majestad, los Comunes del Reino Unido reunidos en Parlamento, venimos humildemente a ofrecer a Vuestra Majestad, nuestras felicitaciones por la victoria definitiva conseguida por Vuestra Majestad sobre sus enemigos . . . « No se había felicitado en otros términos a Isabel, a raíz del aniquilamiento de la *Invencible Armada,* ni a Jorge III después de Waterloo.

Al comentar su propuesta, el líder laborista mostró empeño en precisar que no se trataba solamente de un rito:

«La gloria de nuestra constitución democrática —declaró— está en que los cambios que en otros países no se realizan sino es a consecuencia de luchas civiles y en medio de la efusión de sangre, puedan operarse aquí por la sola virtud pacífica de la urna electoral. . . Al presentar nuestras felicitaciones a Su Majestad rendimos homenaje a algo más que a la realeza... El rey *y* la reina han dado durante la guerra un ejemplo de abnegación que no se olvidará, y han fortalecido el vínculo que a su pueblo les enlaza... Tenemos el privilegio de tener un soberano que une a un intenso amor al país una profunda comprensión de la institución parlamentaria. . . En los tiempos difíciles que vamos a atravesar todavía, creo que el funcionamiento armonioso de nuestra constitución dará a un mundo trastornado un ejemplo de estabilidad».

La mayoría laborista, días antes, como reto a los conservadores que habían aplaudido a Winston Churchill, había cantado a coro *Bandera Roja.* Pero ese día votó por unanimidad el «humilde mensaje» propuesto por el primer ministro.

Razones de ese prestigio

¿De dónde vienen ese prestigio y ese respeto que, desde época relativamente reciente, aureolan a la Corona?

Ante todo, sin duda alguna, del apego sentimental que el pueblo inglés siente respecto de una institución a la sombra de la cual llegó, primero, a un grado insólito de prosperidad, y ha salido luego victorioso de dos conflictos mundiales; los ingleses están legítimamente orgullosos de sí mismos, y la Corona es un símbolo al que transponen ese orgullo, al mismo tiempo que encuentran en ella como un ancla en que afianzar su esperanza de que las cosas no cambiarán: durante la última guerra han estado agradecidos a la familia real porque ésta era en cierto modo la «familia tipo» del reino, que reunía sus cupones semanales de carne para poder comprarse el asado del *week-end y* solicitaba del Negociado de Abastos raciones suplementarias de té y de galletas cuando había recepción en Palacio. El soberano ha llegado así a ser a los ojos de sus súbditos algo más y mejor que un jefe —un ser supremamente representativo: el más inglés de los ingleses. «Cuando el rey está en Buckingham Palace, la gente duerme más tranquilamente en su cama».

Por otra parte, Victoria, al menos en la segunda parte de su reinado, Eduardo VII, Jorge V y Jorge VI han sabido, al mismo tiempo que se mantenían estrictamente en un papel constitucional cada vez más limitado, permanecer en estrecho contacto con el profundo sentir del país, sobre todo con el de las clases medias[1]. Sus

(1) Hablando de la reina Victoria podía declarar lord Salisbury: «Tenía un conocimiento extraordinario de lo que pensaría el pueblo. Siempre he dicho que cuando sabía lo que pensaba la reina, sabía lo que pensarían sus súbditos, especialmente la clase media de sus súbditos».

raras iniciativas dieron casi siempre en el clavo: cuando Victoria, en 1885, escribió a Gladstone para reprocharle que dejase sin socorro a Gordon sitiado en Kartum; cuando, en 1903, Eduardo insistió, a despecho de los consejos de prudencia que le daban, en hacer un viaje oficial por Francia; cuando, en 1919, en el momento en que la guerra civil amenazaba estallar a propósito de los asuntos de Irlanda, Jorge V reunió en conferencia a los jefes de las fracciones dispuestas a llegar a las manos; cuando, en fin, al producirse la dramática crisis financiera de 1931, el mismo Jorge V provocó la formación de un ministerio de unión nacional, esos soberanos vieron, más claramente que los políticos, cuál era el deseo de la nación.

En fin, y sobre todo, acaso, a medida que el Imperio británico fue creciendo y que sus partes integrantes tendieron a hacerse autónomas, la Corona apareció como el único vínculo oficial que reunía ese inmenso y heterogéneo conjunto. Desde 1921, el Parlamento de Londres no tiene ya jurisdicción alguna sobre la Irlanda del Sur, desde 1931 ya no tiene ninguna sobre el Canadá, Australia, Nueva Zelanda ni África del Sur; desde 1935 no posee más que una muy reducida sobre la India. Los diferentes Dominios gozan de completa independencia, incluso en materia de política extranjera. Solo que el soberano de Gran Bretaña sigue siendo rey de Irlanda (a lo menos para las relaciones exteriores formales), rey del Canadá, rey de Australia, rey de Nueva Zelanda, rey del África del Sur y emperador de las Indias. Si esta unión personal desapareciese, no habría ya nada de todo eso.

Una consecuencia de ello es que el Parlamento inglés ya no podría legalmente, como hizo en 1688, deponer al monarca y sustituirlo por otro. El preámbulo del Estatuto de Westminster de 1931 prevé, en efecto, que ningún cambio en el orden de sucesión al trono podría producirse sin el asentimiento de todos los Estados que forman parte del *Commonwealth* británico. Y esta disposición ha encontrado su aplicación, en diciembre de 1936, al producirse la crisis que puso fin al breve reinado de Eduardo VIII.

El primer ministro Baldwin fue a advertir al rey que su proyecto de matrimonio con Mrs. Simpson debía ser sometido a la aprobación de los Dominios. Esa aprobación fue denegada unánimemente (absteniéndose Irlanda), y Eduardo VIII se resolvió a la abdicación. Ésta, sin embargo, no tuvo efecto hasta haber sido ratificada, no solo por el Parlamento británico, sino por los gobiernos de los Dominios, y en virtud de esa ratificación fue cómo el hermano menor del soberano destronado subió al trono (por lo demás, en esa ocasión pudo admirarse la rapidez con que funcionó el pesado mecanismo: todo estuvo resuelto en menos de cuarenta y ocho horas).

Acción del Soberano británico, sobre todo indirecta

Cualquiera que sea su prestigio, el soberano británico ha cesado, sin embargo, salvo en casos completamente excepcionales, de ejercer una acción directa en la marcha de los asuntos públicos. Reina, pero es el Gabinete quien gobierna en nombre suyo. A él le corresponde, es verdad, cuando un Gabinete es dimisionario, designar al político encargado de constituir un nuevo ministerio. Pero la rígida organización de los partidos ha acabado por hacer ilusorio hasta ese derecho.

En 1839, la reina Victoria podía después de haber tenido que apelar al *tory* Robert Peel, maniobrar para impedirle que formase el ministerio. En 1852 podía tomar la iniciativa de designar a lord Aberdeen como primer ministro. En 1894 todavía podía, entre dos jefes liberales, lord Rosebery y Sir William Harcourt, elegir al primero, que le agradaba más. Pero desde entonces, cada partido ha adquirido la costumbre de elegir un líder indiscutido, y es a él a quien tiene que llamar necesariamente el soberano cuando los partidarios de ese líder han conquistado la mayoría en los Comunes. Solo puede haber vacilaciones en caso de formarse un Gobierno de coalición. Y aun así, la elección que haya de hacer el príncipe se ve determinada entonces por la decisión de los jefes de los partidos coligados.

En cuanto a la disolución, prerrogativa regia por excelencia, hace mucho que ha dejado de constituir un recurso personal interpuesto por el soberano ante el pueblo. La última vez que se decretó una disolución en este sentido fue en 1834. Hoy, la obligación en que el monarca se encuentra de no disolver el Parlamento si no es a petición del Gabinete, y de disolverlo siempre en ese caso, no ofrece ya la menor duda.

A falta de acción directa, le queda al rey de Inglaterra un importante campo de acción indirecta: tiene el derecho de consultar y el derecho de advertir. Desde hace cerca de doscientos treinta años ya no preside los consejos de Gabinete. Pero, a la salida de cada reunión, el primer ministro le envía un informe detallado de la misma, y cuando debe debatirse en consejo alguna cuestión grave, le avisa previamente de ella. Además, los despachos redactados por el ministro de Negocios Extranjeros se someten, en principio, al soberano antes de ser expedidos. Victoria puso verde a lord Palmerston por haber faltado a este uso.

Se ha exagerado la acción de Eduardo VII en el terreno de la política extranjera; la de Jorge V, en cambio, quizá no haya sido suficientemente apreciada; en cuanto a la de Eduardo VIII, no ha dejado de tener su parte de culpa en la desconfianza que este príncipe inspiró a su primer ministro.

Los pareceres del rey, por otra parte, deben ser dados con discreción, y los ministros no están obligados a tomarlos en cuenta (los papeles tradicionales están invertidos, y el rey es ahora el «consejero confidencial» del Gabinete). Sin embargo, la opinión expresada por un personaje tan respetado y que posee, por la permanencia de sus funciones, una experiencia incomparable parece de gran peso, y es raro que los ministros no titubeen antes de no hacer caso de ella.

Costo de la monarquía: sus funciones ceremoniales

Tal cual es, la Corona perdura, dentro de la Constitución, como una pieza esencial, y el pueblo británico estima que no paga demasiado caros los servicios que aquélla le presta.

El precio es bastante elevado: la lista civil votada de una vez por todas en favor de Jorge VI al principio de su reinado asciende a cuatrocientas diez mil libras esterlinas (ciento noventa y seis millones ochocientos mil francos franceses de 1946), limpio de *income tax,* lo que representaba antes de la guerra un uno por ciento de la renta nacional.

Los ingleses, por lo mismo, no quieren que se les estafe; las ceremonias reales forman parte del decorado de su vida, y así reprocharon a Victoria que durante su largo duelo hubiese dejado de presentarse en público, como reprocharon a Eduardo VIII que hubiese ido a abrir el Parlamento en automóvil y no en carroza.

Este amor a las pompas tradicionales, al que debe dar satisfacción el soberano, es común a todas las clases de la sociedad, y los ingleses nunca han perdonado del todo a Cromwell que tratase de «juguete» la maza del *Speaker*; aun cuando su temperamento esté en vías de evolucionar, no parecen estar cerca de pensar que también la Corona sea un juguete.

2. EL GABINETE, EL PRIMER MINISTRO Y EL «CIVIL SERVICE»

Reciente renacimiento de la existencia legal del Gabinete y de la del Primer Ministro

Los poderes de la Corona los ejerce, en la práctica, el Gabinete agrupado en torno al primer ministro.

En el capítulo primero hemos visto el origen y el desarrollo del Gabinete: simple conciliábulo de los «servidores confidenciales» del rey, al principio, pronto llegó a aparecer como un comité de miembros del Parlamento, investido, bajo la fiscalización de éste, de la plenitud de la autoridad ejecutiva. Hemos visto también la aparición del primer ministro y su importancia rápidamente creciente.

De esos orígenes quedan huellas: el Gabinete británico, en derecho, sigue siendo no más que una reunión de consejeros privados que cuentan con la confianza del soberano pero no disponen de poderes propios. Con todo, en 1937 se le ha reconocido una existencia legal, desde el momento en que una ley ha asignado a sus miembros una retribución anual de cinco mil libras esterlinas.

En cuanto al primer ministro, su título ha aparecido por vez primera en un documento oficial en 1873, al firmar Disraeli el tratado de Berlín en calidad de «primer ministro de Inglaterra»; luego, en 1905, una decisión real hizo de él la cuarta persona del reino que no perteneciese a la familia regia, y le dio la categoría inmediatamente siguiente a la del arzobispo de York (puede señalarse que el lord canciller, que, sin embargo, forma parte del Gabinete y es designado por el primer ministro, pasa antes que éste). Finalmente, la ley de 1937 le ha asignado una retribución de diez mil libras esterlinas al año. Pero sus poderes siguen sin estar definidos, y sigue sin ser, en derecho, más que la persona a quien ha confiado el soberano la tarea de formar el ministerio.

El Consejo privado y las «Ordenanzas en Consejo»

El Consejo oficial de la Corona sigue siéndolo el Consejo privado. Cuenta hoy unos trescientos veinte miembros que han prestado el «juramento de secreto» y poseen el privilegio de hacer preceder su nombre del prefijo «Muy Honorable». Todos los miembros del Gabinete pasan a ser consejeros privados, y siguen siéndolo después de haber dejado el poder. También lo son los príncipes de la sangre, los arzobispos, los embajadores y buen número de personalidades pertenecientes al Parlamento, a la administración, a la magistratura, así como al mundo de las letras, de las artes y de las ciencias.

A no ser con motivo de la proclamación de un nuevo soberano, el Consejo privado no se reúne nunca en pleno. A sus sesiones habituales, que preside el rey, solo se cita a tres o cuatro – habitualmente, ministros o dignatarios de la corte. En esas sesiones, el Consejo se limita a sancionar, sin discusión, las medidas decididas por el Gabinete, o incluso simplemente decretadas por tal o cual ministro. Esas medidas, una vez que han pasado por el Consejo privado, se convierten en «ordenanzas de Su Majestad dadas en Consejo» *(Orders in Council)* y tienen desde ese momento fuerza ejecutiva.

Algunas de esas ordenanzas se dan en virtud de la vieja prerrogativa real: así las que convocan, prorrogan o disuelven el Parlamento, y las que legislan en materia colonial; otras, cada vez más numerosas, se adoptan en virtud de autorizaciones dadas por el Parlamento.

A medida que la labor de éste ha ido haciéndose más pesada, ha tomado cada vez más la costumbre —más arriba queda dicho— de delegar en el Ejecutivo el cuidado de determinar los detalles de aplicación de las leyes nuevas. Apoyándose en esa designación, el ministerio interesado prepara el texto reglamentario, que es promulgado luego como «ordenanza en Consejo». Esta práctica, bastante rara hasta principios del siglo XX, es ahora habitual. En el período que precedió a la guerra de 1939-1945, se dieron anualmente, por término medio, más de seiscientas ordenanzas. En el curso de cada uno de los años de guerra, esta cifra ascendió a cerca de dos mil. El Parlamento se había despojado de gran parte de sus prerrogativas en provecho del Consejo privado, es decir, de hecho, en beneficio de la administración. La costumbre adquirida de esta manera no ha cesado del todo con el fin de las hostilidades[1].

El Gabinete, sus lugares de reunión y su secretariado

Detrás del Consejo privado, simple pantalla, el órgano motor del Gobierno es el Gabinete.

El número de sus miembros varía a voluntad del primer ministro; de nueve, en tiempos de William Pitt, había pasado a catorce a mediados del siglo XIX, y por último a diecisiete. Desde 1900 varía normalmente de diecinueve a veintitrés; en el Gabinete formado en julio de 1945 por Mr. Attlee, es de veinte.

Sin embargo, en tiempos de crisis, y para asegurar una dirección más enérgica de los negocios hay tendencia a reducir considerablemente el número de «servidores confidenciales de Su Majestad». El «Gabinete de guerra» constituido en 1916 por Lloyd George no contaba más que cinco personas (todas, salvo una, ministros sin cartera); el formado en 1931 por Ramsay MacDonald solo contaba diez; por último, el ministerio a que dio su impulso Winston Churchill de 1940 a 1945, no tenía más que cinco, y luego ocho miembros.

Cuando los Gabinetes son numéricamente extensos, tiende a constituirse en su interior un grupito de ministros influyentes que se ponen de acuerdo entre sí sobre las cuestiones de importancia antes de someterlas al conjunto de sus colegas. Esos *Inner Cabinets* son mirados con malos ojos, pero no por eso parece menos inevitable su práctica.

---

[1] El Consejo privado lleva consigo dos comisiones que han conservado una gran importancia: una es la «Comisión judicial», que funciona como Tribunal supremo de apelación para las islas anglonormandas, la isla de Man, las colonias de la Corona, la India, y, con ciertas reservas, para los Dominios; la otra es el Consejo del Comercio *(Board of Trade)*. Solo que esta última Comisión no se reúne nunca; es su presidente quien ejerce, actuando por «i solo, todas las funciones de un ministro de Comercio.

Las reuniones del Gabinete se celebran una vez, cuando menos, por semana, y a menudo más, y duran en general varias horas. Hacia 1840, lord Melbourne podía decir, bostezando: «Señores, son las doce menos cuarto: a ver si hemos acabado a mediodía, que es la hora de mi copa de jerez». El humorismo de esta frase no sería muy estimado hoy en día.

El Gabinete se reúne de ordinario en la residencia oficial del primer ministro, en el nº 10 de Downing Street, pero también, a veces, en una salita de la Cámara de los Comunes, y otra en el castillo de los «Chequers». Durante la última guerra se ha dado el caso de que se reuniera en una sala del ministerio subterráneo que se había instalado, a veinticinco metros de profundidad, entre Whitehall y Saint-James Street. Desde 1919, el Gabinete dispone de un secretariado que prepara el orden del día y levanta el acta de las reuniones. En la medida de lo posible, los documentos de que ha de tratarse en el curso de esas reuniones son comunicados de antemano a los miembros del Gabinete por medio del secretariado.

Este último funciona igualmente como secretariado de las diferentes comisiones militares y económicas constituidas en el interior del Gabinete, comisiones a las que asisten altos funcionarios, así como jefes militares, y que en el curso de la última guerra han adquirido considerable importancia.

El Ministerio y los «secretarios particulares parlamentarios»

El Gabinete está inscrito en el interior de un círculo más amplio, que es el Ministerio. Todos los miembros del Gabinete son ministros, pero todos los ministros, como se recordará, están lejos de formar parte del Gabinete. El lord Canciller, el presidente del Consejo privado, el guardasellos privado, los siete secretarios de Estado, el canciller del «Exchequer» y el primer lord del Almirantazgo están casi siempre inscritos en el Gabinete; otros ministros lo están facultativamente. Pero queda fuera un número variable de jefes de departamentos ministeriales, todos los subsecretarios de Estado y secretarios parlamentarios, los «lords juniors» de la Tesorería, los «consejeros jurídicos de la Corona» y los dignatarios de la corte cuyos cargos se consideran políticos: en total, unas sesenta personas, todas ellas miembros de la Cámara de los Comunes, o bien de la de los lores(1).

Además, de algunos años a esta parte se ha establecido el uso de que cada ministro o subsecretario de Estado elija un miembro joven de una u otra Asamblea para que le sirva de «secretario particular parlamentario» —lo que llamaríamos en Francia jefe de gabinete político. Esto supone cincuenta o sesenta personas más cuya suerte está ligada a la del Gabinete. Existen, pues, en total, alrededor de ciento cuarenta miembros del Parlamento que pertenecen al Gobierno que gravitan en torno a él. Es una seria base para una mayoría estable.

Creciente importancia del Primer Ministro

El jefe de este numeroso equipo es el primer ministro.

---

(1) Durante la última guerra, algunos miembros del Ministerio han sido destacados en permanencia, con el título de «Ministro residente», en determinados puntos cruciales del tablero internacional, como El Cairo, Argel, etc. Sus misiones eran sobre todo de coordinación y de información.

A pesar de poseer, desde el segundo Pitt, el privilegio exclusivo de proponer al soberano el nombramiento y, eventualmente, el despido de sus colegas, el primer ministro apenas era más, hasta mediados del siglo XIX, que un *primus inter pares*; todavía hacia 1850, el honrado lord John Russell aparecía francamente eclipsado por su brillante ministro de Negocios Extranjeros, Palmerston.

Pero luego alternaron en el poder dos vigorosísimas personalidades que dieron a la función un lustre enteramente nuevo; por distinguido que fuese, ningún político podía compararse a Disraeli el Mago, como tampoco a la fuerza de la naturaleza que respondía al nombre de Gladstone. En cuanto a la reina Victoria, la admiración que sentía por el primero solo tenía par en el temor que el segundo le inspiraba. Se adquirió un hábito de deferencia, y, desde entonces, el primer ministro, único que estaba en relación con el soberano, asistido de un derecho de inspección de la actividad de todos los ministerios, y que trazaba él solo, en última instancia, los grandes rasgos de la política general, apareció como el verdadero rey no coronado de la Gran Bretaña.

Rey obligado, a decir verdad, a atenerse al parecer de su Consejo —es decir, del Gabinete[1]—, y que no está a cubierto de las rebeliones que en él se producen a veces: así, en 1894, contra el propio Gladstone; así cuando, en 1916, tuvo Asquith que eclipsarse ante Lloyd George; así en 1922, cuando sus colegas conservadores abandonaron al mismo Lloyd George; así en 1938, cuando bajo la presión de la opinión, se dislocó el Gabinete Neville Chamberlain; así, en fin, en mayo de 1945, cuando los ministros laboristas se separaron de Winston Churchill.

Además, cuando la personalidad del jefe del Gobierno no es netamente dominante, ocurre que uno u otro de sus colegas tiene una influencia casi igual a la suya; tal parece ser, en el Gabinete Attlee, el caso de Mr. Morrison, y también el de Mr. Bevin.

Pero el principio sigue en pie, y si un primer ministro quisiera desembarazarse de un colega molesto, sería indiscutiblemente dueño de hacerlo, con tal de responder luego ante la Cámara de los Comunes y, eventualmente, ante su partido.

La abrumadora tarea del Primer ministro le hace difícil acumular sus funciones y un departamento ministerial (el cargo de primer lord y la Tesorería, de que suele estar investido, no llevan aparejada ninguna actividad real). Sin embargo, Salisbury en 1887, y en 1924 Ramsay MacDonald asumieron la cartera de Negocios Extranjeros. Parejamente, Winston Churchill en 1940, y Mr. Attlee en 1945, han asumido el título de ministro de la Defensa.

Los dos tipos de Primer Ministro

Es una interesantísima galería la de los hombres que desde hace un centenar de años han presidido los Gabinetes británicos y que, a través de todos los escollos y a veces en el seno de espantosos huracanes, han empuñado el timón de la nave del Estado.

Diversos fueron sus métodos, y diversos sus temperamentos. Puede repartírseles, sin embargo, en dos grandes series: a un lado, los primeros ministros brillantes; al otro, los primeros ministros graves.

---

(1) En 1936, sin embargo, Baldwin, de acuerdo con el arzobispo de Canterbury, urdió la abdicación de Eduardo VIII casi sin consultar a sus colegas.

En el primer grupo tenemos ante todo a Palmerston, despreocupado, impertinente, arrogante, siempre dispuesto a comprometer su responsabilidad y a «mandar al diablo» las consecuencias; luego es el mago Disraeli, paradójico, reventando de ingenio y ocultando bajo una aparente frivolidad, un apasionado amor al bien público; Rosebery que, siendo aún alumno de Eton, había hablado de casarse con la heredera más rica del reino, llegar a ser jefe del Gobierno y tener un caballo que se llevase el premio en el Derby —y que ganó las tres apuestas—; Arthur Balfour, filósofo pesimista, indolente y delicioso; el celta Lloyd George, un encantador como Disraeli y orador magnífico, pero ondulante, versátil, la inseguridad en persona; luego, el rudo escocés Ramsay Mac Donald, cuya facundia levantará por un momento a las multitudes populares, pero que se vio luego rebasado por los acontecimientos y renegó de su pasado; Winston Churchill, en fin, uno de los grandes hombres de Inglaterra, ardiente, infatigable, con curiosidad por todo, magnífico tipo de animal de pelea.

Al principio de la segunda serie se encuentra a Robert Peel, escrupuloso, un tanto tímido, intratable en su convicción una vez formada ésta; John Russell, endeble, conciliador, pero inquebrantablemente apegado a la ortodoxia liberal. Y ahora se yergue, invadiendo el terreno de ambos grupos, la gigantesca figura de Gladstone, el símbolo mismo de las virtudes protestantes, consciente de esas virtudes, grave, austero, pero también, si se tercia, fogoso y devastador. A su lado, Salisbury, gran señor malhumorado, positivo y enemigo de las ideas generales, Campbell Bannerman, gran burgués sinceramente demócrata, el sutil y sabio Asquith y el concienzudo Bonard Law parecen un tanto borrosos. Pero la historia hará justicia al *gentleman* campesino Stanley Baldwin que, con más maña acaso que grandeza, pero con un segurísimo sentido de lo posible, dominó situaciones singularmente difíciles. Su sucesor, el industrial Neville Chamberlain, era la rectitud misma, pero la amplitud de sus responsabilidades le rebasó. En cuanto al primer ministro actual, el abogado Clement Attlee, activo, profundamente honrado pero sin brillo, pertenece también a este segundo grupo por el que, de otra parte, siente una secreta preferencia el pueblo británico, que desconfía de la «condenada gente de genio».

Influencia creciente del «Civil Service»

Los poderes de la Corona son, en principio, ejercidos por los ministros; en realidad, quienes los ejercen en gran parte son los negociados.

Hasta mediados del siglo XIX no existían en la Gran Bretaña más que un número ínfimo de funcionarios, y éstos no debían sus empleos a otra cosa que al favor. Toda la administración local estaba, por lo demás, en manos de los grandes propietarios, que la asumían directamente, o bien con ayuda de agentes designados por ellos.

A partir, solamente, de 1855 es cuando empezó a organizarse y a recibir un estatuto el cuerpo de funcionarios de la Corona —el *Civil Service.* No tardó en amplificarse, y hoy cuenta con más de 300.000 miembros. Paralelamente, la administración local, sin perder completamente su autonomía, cayó bajo el control, cada vez más afirmado, del Gobierno central.

El *Civil Service,* cuidadosísimamente reclutado por medio de concursos, es, en su conjunto, notable por su integridad y su competencia(1).

(1) En principio, los *Civil servants* se mantienen ajenos a toda actividad política. Sin embargo, una ley de 1946 ha autorizado a sus sindicatos a afiliarse a la Confederación General de las *Trade-Unions* —es decir, de hecho, al partido laborista.

Varios de sus miembros, como son hoy lord Keynes y lord Vansittart, gozan de fama mundial. Pero su actividad, sin cesar extendida, escapa, de hecho, salvo en sus efectos más palmarios, a la fiscalización del Parlamento.

«No hay más que una cosa —se dice a veces— que no pueda hacer el *Civil Service*: hacer de un ministro malo uno bueno». No por eso son los *Civil servants* menos leales con sus jefes parlamentarios los cuales, en cambio, se muestran bastante dóciles. Entre ministros y funcionarios no existe en Inglaterra la pantalla constituida en Francia por los «gabinetes», compuestos en parte de gente que llega «de fuera»: un ministro británico tiene su «secretario particular parlamentario», que es diputado; sus demás colaboradores inmediatos son los jefes de servicios de su ministerio. El principal de esos jefes de servicios, el «secretario permanente», tiene, salvo excepciones, más autoridad y sobre todo más estabilidad que el secretario general de un ministerio francés. Ninguno de ellos cambia cuando llega al poder una nueva mayoría parlamentaria, y quizá sea ése el gran secreto de la continuidad de la política británica.

3. EL GABINETE CON RELACIÓN AL PARLAMENTO

Responsabilidad de principio de los ministros ante el Parlamento

El rasgo característico del régimen parlamentario, tal como se ha constituido en la Gran Bretaña a fines del siglo XVIII, es la responsabilidad política colectiva **del** ministerio.

En 1740, Roben Walpole fue el primero que dejó el poder porque ya no tenía la confianza de los Comunes. Ante la hostilidad de éstos, el Gabinete North dimitió en pleno en 1782. Desde entonces, la regla —regla no escrita, pero imperiosa— queda establecida: un ministerio reducido a la minoría, en la Cámara baja, con motivo de una cuestión importante, debe o retirarse, o apelar a la nación por medio de una disolución seguida de elecciones generales.

Ya hemos visto cómo puede producirse la puesta en minoría, que sea por rechazarse una medida legislativa propuesta por el Gobierno, ya con ocasión de la discusión del presupuesto, ya por la adopción de una enmienda al mensaje de respuesta al discurso de la Corona; ya, en fin, por un voto de censura o de «no confianza» (las «preguntas» y las interpelaciones «con ocasión del aplazamiento» constituyen, en manos del Parlamento, un útil elemento de control, pero que no lleva aparejadas sanciones).

El rechazo de una proposición presentada por el Gabinete no pone en juego la responsabilidad política de éste, a no ser que la cuestión sea realmente de importancia. Al primer ministro toca ser juez de ello; en este respecto, unos han tenido la epidermis más sensible que otros; en 1904 y 1905, el Gabinete Balfour fue puesto frecuentemente en minoría, sin que su jefe estimara oportuno sacar consecuencia alguna del hecho; lo mismo ocurrió en 1920 y 1922 con el gabinete Lloyd George. Sin embargo, ningún Gobierno podría ser objeto de un voto de censura o de «no confianza» sin reaccionar, bien dimitiendo, bien disolviendo el Parlamento.

En la primera hipótesis, se forma un nuevo ministerio; pero desde 1868 se ha establecido el uso de que ese nuevo ministerio debe hacer sancionar inmediatamente por el cuerpo electoral su toma del poder. Así, todo voto emitido, en una cuestión importante, contra el ministerio, por la Cámara de los Comunes, determina una apelación al pueblo y obliga a los diputados a presentarse de nuevo ante sus electores; esta práctica, que ahora tiene fuerza de ley, ha contribuido mucho, desde luego, a la estabilidad de los Gabinetes británicos.

Cuando, como consecuencia de una disolución, el cuerpo electoral envía a Westminster una mayoría hostil al ministerio éste debe abandonar inevitablemente el poder; la alternativa que le queda es, o bien aguardar a la reunión de la nueva Asamblea, y con ella un voto de falta de confianza —como hizo Baldwin, por ejemplo, en 1923—, o bien retirarse inmediatamente después de proclamados los resultados del escrutinio —decisión que tomó Winston Churchill en julio de 1945.

La hostilidad de la Cámara puede no dirigirse al Gobierno entero, sino a tal o cual de sus miembros. Antaño no era raro que el ministro así señalado se retirase él solo. Ahora, la tendencia es hacer entrar en juego la solidaridad ministerial. Sin embargo, cuando, en 1935, Sir Samuel Hoare, ministro de Negocios Extranjeros, dimitió ante la oposición despertada por su proyecto de acuerdo anglo-franco-italiano, el Gabinete no creyó que debiera solidarizarse con él. Las más de las veces cuando un ministro ha dejado visiblemente de tener ascendiente sobre la mayoría, el primer ministro le invita con discreción a retirarse espontáneamente.

Tendencia a que la responsabilidad ante los electores sustituya a la responsabilidad ante el Parlamento

Hasta fines del siglo XIX, ocurría a veces que una mayoría se desmoronase. Con el progreso de la disciplina de los partidos, esa eventualidad ha pasado a ser rara; los diputados, hoy, son elegidos sobre la base de un programa determinado, para que sostengan a tal o cual equipo. A ese equipo permanecen fieles, en principio, y, cualquiera que sea su sentir personal, con ese equipo votan. Así ha podido decirse que el régimen de la Gran Bretaña había acabado por convertirse en un régimen plebiscitario de segundo grado: los electores nombran a unos diputados con el mandato imperativo de sostener a determinado grupo de políticos.

Solamente cuando no existe en los Comunes ningún partido que no disponga de una mayoría absoluta (como ha ocurrido en 1925 y en 1929), o bien cuando las circunstancias exigen la constitución de un Gobierno de unión (como en 1940), es cuando un ministerio puede ver tambalearse su base parlamentaria[1]. Fuera de estas dos hipótesis, ha cesado, en la práctica, de ser responsable ante los Comunes: ya no lo es más que ante los electores.

Apresurémonos a decir que los Gabinetes británicos no abusan nunca de esta situación. Cuando tienen la impresión de que la mayoría de los Comunes ha dejado de representar la mayoría de la opinión, consultan al cuerpo electoral. Por supuesto, tratan de hacerlo en circunstancias tan favorables para sí como les sea posible, pero a veces les salen fallidos los cálculos; prueba de ello la ha tenido Winston Churchill con las elecciones que a toda prisa provocó en julio de 1945, y que trajeron aparejada la derrota de sus partidarios.

---

(1) Neville Chamberlain lo experimentó en aquella sesión nocturna de mayo de 1940, en la que el viejo Lloyd George le lanzó a la cara: «No tengo más que una palabra que decir al Gobierno, y es: ¡Váyanse!». El Gabinete, a pesar de tener una mayoría de algunos votos, se vio forzado a dimitir. Pocas horas después, Winston Churchill constituía un Ministerio.

De igual suerte, cuando se plantea alguna cuestión grave que no ha podido ser sometida a los electores en la consulta precedente, una disolución viene generalmente a permitir al país que exprese su opinión; así en 1910, a propósito de la reforma de la Cámara de los lores; en 1923, a propósito de la modificación de los aranceles aduaneros en sentido proteccionista; en 1931, en fin, a consecuencia de la crisis financiera y de la formación de un Gobierno «nacional». Se admite que un Gobierno cometería una falta contra el *fair play* haciendo votar por el Parlamento una medida de primera importancia que no hubiese figurado en el último «manifiesto electoral» del partido. (Sin embargo, no hay cuestión más grave que la de la paz o la de la guerra, y ni en 1914 ni en 1939 pudo consultarse a la nación).

No sería exacto decir que el Parlamento haya perdido en provecho del cuerpo electoral toda acción sobre el Gabinete. Tiene a éste constantemente en jaque, y si los ministros quisieran resistir a una gran corriente de opinión, o bien entregarse a veleidades dictatoriales, no cabe la menor duda de que la Cámara de los Comunes se acordaría del derecho a despacharlos, que conserva[1]. Además, el primer ministro debe su puesto al hecho de haber sido elegido jefe por el grupo parlamentario de su partido; mal podría olvidar ese origen.

No por eso es menos cierto que el Gabinete, que desde hace mucho tiempo ha cesado de ser en la práctica la simple reunión de los «servidores confidenciales de Su Majestad» que en teoría sigue siendo, ha dejado igualmente de ser la comisión parlamentaria revocable *ad nutum* en que luego se había convertido; hoy es el delegado del partido (o de la coalición de partidos) a que el país ha dado la mayoría, y solo en casos completamente excepcionales podría despedirlo el Parlamento sin mandato expreso de los electores.

Acción del Gabinete sobre el Parlamento. Bills gubernamentales, únicos que se examinan en la práctica

Frente al Parlamento, el Gobierno no dispone solo del arma de la disolución: desde hace unos sesenta años, su acción cotidiana sobre las Cámaras ha venido afirmándose sin interrupción.

Ya hemos visto en el capítulo precedente que la tarea cada vez más pesada a que tiene que hacer frente ha llevado al Parlamento —y singularmente a la Cámara de los Comunes— a adoptar reglas de procedimiento que tienden, por una parte a abreviar las discusiones, y por otra a reducir el tiempo concedido al examen de las propuestas de iniciativa no gubernamental.

Todavía a principios del siglo XIX se consideraba que normalmente no correspondía a los ministros tomar la iniciativa de un *bill*. Era ésta una función legislativa que se salía de las atribuciones regulares del Ejecutivo. Solo en casos excepcionales, y cuando se trataba de una cuestión de primera importancia, decidía el Gabinete someter un texto a la aprobación de las Cámaras. Únicamente las medidas que implicaban creación o aumento de gastos tenían obligatoriamente que ser propuestas en nombre de la Corona.

---

[1] Puede recordarse que sí el 3 de septiembre de 1939 la Gran Bretaña se declaró, horas antes que Francia, en estado de guerra con Alemania, fue porque, sin esa declaración, los Comunes habrían derribado inmediatamente al Gabinete Chamberlain.

Desde 1832, la excepción ha tendido a convertirse en regla. Ahora, al principio de cada Parlamento, el Gabinete enumera, en el discurso de la Corona, los *bills* que tiene intención de hacer votar; en seguida presenta el texto de los mismos, sea a la Cámara de los lores, sea a la de los Comunes (antes, siempre, a ésta, cuando se trata de un proyecto financiero), luego pide a las Asambleas que conceda al examen de esos textos una prioridad más o menos absoluta.

Antes de 1940 todavía se reservaban unas horas por semana al examen de los *bills* de iniciativa privada. Pero, durante la guerra, el Gabinete Churchill pidió y obtuvo que todo el tiempo legislativo del Gobierno, ras fuese consagrado a los proyectos del Gobierno. Terminadas las hostilidades, se consintió el mismo privilegio al Gabinete Attlee.

Más arriba se ha visto que el derecho de iniciativa parlamentaria ya no es otra cosa que una ficción. Los simples miembros conservan el derecho teórico a presentar *bilis.* A veces usan de ese derecho por razones de orden electoral. Pero saben que esos *bills* no pasaran nunca a discusión.

Esta situación no deja de desasosegar en Inglaterra a muchos buenos espíritus: cuando, en la sesión del 24 de agosto de 1945, salió a discusión la proposición del Gobierno encaminada a que se eligiese una comisión de diez y siete miembros, encargada de elaborar un reglamento que acelerase aún más las discusiones, varios diputados de la oposición, con Winston Churchill a la cabeza, protestaron enérgicamente.

En esa ocasión recordaron que el primer ministro actual, Mr. Attlee, había escrito en otro tiempo: «Lo importante no es actuar de escrupulosa conformidad con las teorías de la democracia y con los principios constitucionales: lo importante es realizar». Esta cita suscitó rumores en los bancos conservadores, pero Mr. Morrison, que representaba ese día al partido laborista, declaró que no había en esas palabras nada que debiera ser desautorizado, y que ésa seguía siendo la doctrina del partido.

De esta manera nos vemos de vuelta, por un largo rodeo, a la práctica medieval de cuando el poder legislativo pertenecía al soberano. Evidentemente, el legislador ya no lo es hoy el rey, pero tampoco lo son las Cámaras: es el Gabinete.

Agreguemos que el ministerio, en la Gran Bretaña, no se halla, como a menudo ocurre en Francia, estorbado por la acción de las comisiones parlamentarias: las comisiones permanentes de las Cámaras inglesas no están especializadas. No pueden, pues, adquirir una competencia que las oponga a los departamentos ministeriales correspondientes; además, funcionan por lo general en presencia de un miembro del Gobierno, que de hecho dirige las discusiones.

El líder de la mayoría y los «whips»

De todos modos, el Gabinete no ejerce sus inmensos poderes sino gracias al consenso del Parlamento, o más bien de la mayoría del Parlamento. Su estabilidad descansa, pues, en último análisis, en la disciplina de la mayoría, función de la disciplina de los partidos a su vez.

Para que esa disciplina no se relaje hay que velar celosamente sobre ella. De donde la importancia que en cada una de las dos Cámaras ha tomado el líder de la mayoría.

Ese líder es siempre un miembro del Gabinete y, en la Cámara de los Comunes, es, en principio, el primer ministro. Ocurre, con todo, que este último delegue esa carga, por lo mucho que ata, en alguno de sus colegas; en el Gabinete de unión nacional dirigido por Winston Churchill, el líder era en los Comunes Mr. Attlee. En el Gabinete laborista presidido por el mismo Attlee, las funciones de líder son a menudo desempeñadas por Mr. Morrison.

Para ayudarle en su pesada tarea, el líder de la mayoría dispone de los *whips:* son éstos seis miembros de la Cámara de los Comunes y dos de la de los lores que están encargados de velar, sirviéndose de la persuasión y si es menester de la amenaza, porque diputados y pares de la mayoría tomen parte en todas las votaciones importantes (ya que no se admite el voto por delegación) y por que «voten bien». Los *whips* gubernamentales no forman parte del Gabinete, pero ocupan en el ministerio puestos secundarios que les aseguran un sueldo: el primero de ellos es siempre secretario parlamentario de la Tesorería.

Frente al líder y a los *whips* de la mayoría, la oposición tiene, por lo demás, los suyos, a los que someten previamente los primeros el orden en que el Gobierno tiene intención de dirigir los trabajos parlamentarios[1].

Cuasi-dictadura del Gabinete. Sus causas

A pesar de las precauciones que tiene que tomar para no chocar con la mayoría y para jugar *fair play* respecto de la oposición, el Gabinete ha acabado por atraer a sí la mayor parte de las prerrogativas trabajosamente conquistadas antaño a la Corona por el Parlamento.

Único iniciador de las medidas financieras, único o casi único iniciador de las leyes, ejerciendo un estrecho control sobre la mayoría, dueño de enviar a su antojo a los diputados ante sus electores, dueño del orden del día de las Cámaras, el Gabinete tiene hoy más poderes de los que tuvieron Enrique VIII e Isabel, los más absolutos de los soberanos ingleses. Y su jefe, el primer ministro, aparece como una especie de dictador que aventaja en autoridad real al mismo Presidente de los Estados Unidos.

¿Cómo se ha llegado a esto?

Primero, por las sucesivas reformas electorales que, al introducir la democracia en la lucha política, han quitado a ésta su carácter de juego desarrollado entre unas cuantas familias, transformándola en conflicto que enfrenta gigantescos ejércitos en los que, so pena de ser aplastados, es indispensable una estricta disciplina.

Luego, y sobre todo, a causa del dominio cada vez más extenso en que se ejerce la acción del Estado; a principios del siglo XIX, cuando apenas se ocupaba del mantenimiento del orden, de la administración de la justicia, de la conservación de las fuerzas armadas y de la dirección de las relaciones exteriores, era lícito al Parlamento consagrar a esos raros objetos mucho tiempo y mucha elocuencia; después, el Estado ha venido interesándose progresivamente por todas las manifestaciones de la actividad de los ciudadanos, y al menos en tiempo de guerra, ha acabado por subordinar totalmente a sí esa actividad; ello implica una legislación considerable,

[1] El líder de la oposición tiene una categoría oficialmente reconocida y percibe, desde 1937, un sueldo público de 2.000 libras esterlinas por año.

continua y de carácter técnico, que los viejos métodos parlamentarios son incapaces de asegurar. Se necesita una celeridad que solo puede obtenerse merced a una disciplina de hierro. A costa de esa disciplina han podido mantenerse las formas parlamentarias, pero se encuentran vaciadas, en parte, cíe su substancia, y, por añadidura, no siempre se observan.

Más arriba se ha visto la importancia adquirida por la delegación del poder legislativo que se ejerce por vía de «ordenanzas en Consejo». Pero ese mismo procedimiento resulta a veces demasiado lento, y a menudo son los ministros e incluso las autoridades locales, quienes reciben hoy del Parlamento el derecho a legislar sobre puntos más o menos numerosos, por vía de reglamentos.

Indudablemente, esos reglamentos, como las ordenanzas en Consejo, tienen que ser depositados en la mesa de las Cámaras, y éstas pueden derogarlos. Pero esta facultad, como se ejerce *a posteriori,* es bastante ilusoria.

«El rey reina y no gobierna», se decía antaño; en nuestros días podría añadirse: «El Parlamento crítica, pero no legisla». Los verdaderos dueños, tanto del poder legislativo como del ejecutivo, son, bajo el control sobremanera efectivo de la opinión, de la prensa y de los partidos, los «servidores confidenciales de Su Majestad» —es decir, los miembros del Gabinete—, ayudados por los *civil servants.*

La Corona —si no es el rey— se ha desquitado.

CAPÍTULO IV

LOS PARTIDOS CONTEMPORÁNEOS

1. EVOLUCIÓN DE LOS PARTIDOS DESDE 1832

Importancia adquirida por los partidos como consecuencia de la reforma electoral de 1832

La disciplina que caracteriza hoy el funcionamiento del parlamentarismo británico se basa en la organización de los partidos.

Ya se ha visto cómo habían nacido en la Gran Bretaña, a fines del siglo XVIII, los dos grandes partidos *whig* y *tory*.

Por fuertes que hubieran llegado a ser, a principios del siglo XIX todavía no eran más que haces, bastante flojos, de intereses políticos y económicos, o incluso de tradiciones familiares. Las fronteras entre ellos eran inciertas, y frecuente el pasar del uno al otro. Sobre todo, fuera del Parlamento no tenían ninguna organización. El cuerpo electoral, dominado por la casta dirigente, seguía con la mayor frecuencia, sin cuidarse de los principios, las indicaciones que les daban los magnates locales; votaba unas veces en pro y otras en contra del ministerio, casi nunca en pro o en contra de un programa.

La reforma de 1832, que llamó al electorado a parte de la clase media, tuvo como consecuencia acrecentar el interés que la nación se tomaba por la vida política. Las cuestiones de personas en las luchas electoras, tendieron a perder importancia, al paso que la adquirían mayor las cuestiones de ideas. Esto se señaló hasta en la designación de los partidos: en lugar de *whigs* empezó a decirse «liberales», y en vez de *tories,* «conservadores»[1].

Las «asociaciones de inscripciones» y las Uniones de asociaciones

Al mismo tiempo se fundó cierto número de «asociaciones de inscripción» — *Registration Societies*—, cuyo objeto era velar por que los nuevos electores se hiciesen inscribir debidamente, y, subsidiariamente, por qué votasen en un sentido determinado. Estas asociaciones, sin embargo, no redactaban ningún programa ni se mezclaban en la elección de los candidatos.

---

[1] A fines del siglo XIX y comienzos del XX, cuando la cuestión de la ruptura eventual de la unión con Irlanda ocupaba gran espacio en la lucha política, los conservadores solían calificarse a sí mismos de «unionistas».

La reforma de 1867 aumentó su importancia. En las que invocaban el liberalismo se apoyó Gladstone al año siguiente, cuando emprendió una gran jira electoral por todo el reino. Al mismo tiempo, Joseph Chamberlain, inspirándose en el ejemplo norteamericano, reorganizaba la asociación liberal de Birmingham haciendo entrar en ella a todos los «militantes» e invitándola a designar los candidatos del partido. Fue lo que se llamó el *caucas*[1]. El éxito de este plan hizo que fuese rapidísimamente imitado, primero en las circunscripciones urbanas, y luego en la mayor parte de las rurales.

Ya se había fundado la *Unión nacional de Asociaciones conservadoras,* que agrupaba a todas las asociaciones del partido. Algunos años más tarde apareció la *Federación de Asociaciones liberales.* Una y otra desempeñaron muy pronto un papel cuya importancia vino a acabar de aumentar la reforma de 1884. El cuerpo electoral tiende desde ese momento a confundirse con el pueblo quien decide, en última instancia, todas las grandes cuestiones, y es a él, y no ya a un puñado de contribuyentes, a quien han de esforzarse por convencer los partidos.

Hay que aguardar al comienzo del siglo XX para que se organice políticamente el laborismo. Hasta entonces se había manifestado sobre todo en el seno de los sindicatos obreros —de las *Trade Unions*— al lado de los cuales existía, a decir verdad, cierto número de grupos socialistas, el más importante de los cuales era el *partido laborista independiente,* fundado en 1893. La alianza del partido laborista independiente con las *Trade Unions* determinó en 1906 la constitución del gran partido laborista (*Labour Party*). Pero el laborismo no se dotó de una carta hasta 1918.

Efectos de la cohesión de los partidos

Al lado del espíritu de disciplina y del espíritu deportivo de la nación británica, fue la organización de los partidos lo que impidió la fragmentación de los mismos y aseguró la persistencia, enfrente de la mayoría, de una oposición coherente, fuerte y dispuesta siempre a asumir las responsabilidades del poder.

Señalemos, pues es esencial, que desde la adhesión de los *tories* a la dinastía hannoveriana, ningún gran partido inglés ha sido ni antidinástico ni adversario radical de la estructura del Estado; todos ellos se atienen, en sus grandes líneas, a la regla del juego.

De donde se siguen dos consecuencias importantísimas:

La primera es el respeto que sus mismos adversarios profesan a una oposición considerada como indispensable para el buen funcionamiento del régimen: la prueba de este sentimiento se encuentra en la categoría oficial de que goza ahora el líder de la oposición, y en el sueldo público que recibe; los miembros de la oposición son, para los de la mayoría, unos conciudadanos a los que hay que tratar de convencer, no unos enemigos a los que conviene jugar malas pasadas y, a ser posible, aniquilarlos; de ahí la ausencia de odio y el *fair play* por que se caracterizan las luchas políticas en la Gran Bretaña.

La consecuencia segunda es la ausencia, en la oposición, de todo complejo de inferioridad; los que la forman saben que constituyen la Oposición de Su Majestad, que no son ciudadanos de segunda zona, y no se sienten ni humillados ni siquiera

(1) Comité electoral.

molestos por «estar a mal» con el poder. El objetivo de sus jefes es conquistar este último por vías regulares, no apoderarse de él por la violencia, como tampoco asociarse a él a costa de transigencias, o incluso de capitulaciones. En Inglaterra casi no se encuentra ese tipo de político de oposición frecuente en Francia y cuyo sueño es formar parte de un ministerio de unión nacional(1).

Cismas y tendencias divergentes

Esta solidez y este *self-respect* de los partidos británicos no impiden que se hayan producido cismas en ellos; así el que a mediados del siglo XIX removió, a propósito del arancel aduanero, al partido conservador; así el que en 1886 alejó del partido liberal a los *whigs* clásicos que, a pesar de Gladstone, se habían mantenido irreductiblemente hostiles a la concesión de un *Home Rule* a Irlanda; así, también, el que en 1916 separó en el seno del mismo partido liberal a los amigos políticos de Lloyd George de los de Asquith; así, en fin, el que en 1931 no dejó en torno de Ramsay Mac Donald, hasta entonces jefe indiscutido del partido laborista, más que un puñado de fieles.

Entre los conservadores como entre los laboristas, esos cismas no han tenido efectos duraderos; a partir de 1865, los primeros, merced al impulso de Disraeli, volvieron a encontrar una cohesión que desde entonces no han perdido; en cuanto a los segundos, algún tiempo quebrantados por lo que llamaban la «traición» de Mac Donald, pronto recobraron un empuje que les permitió conseguir en 1945 la más brillante de las victorias y hacer entrar en Westminster a 393 de los suyos(2).

Solo los liberales no se han repuesto nunca de sus divisiones intestinas; evidentemente, la crisis de 1886 no les impidió, desde 1892, volver a los negocios públicos, pero la de 1916 los dejó destrozados. Verdad es que en 1922 «lloydgeorgistas» y «asquithistas» se reconciliaron por algún tiempo. Pero el partido volvió a perder su unidad en 1931, cuando una fracción importante de sus miembros negó su apoyo al Gobierno de «cooperación nacional». Son esos disidentes los que hoy constituyen el partido liberal, lo que de él queda. Partido singularmente debilitado y que en las últimas elecciones solo consiguió 12 actas(3).

Dejando aparte los cismas, existen inevitablemente, en el interior de los partidos, tendencias divergentes; entre los conservadores se encuentra, al lado de los *die-hards* intransigentes, «progresistas» a los que en principio no asusta ninguna innovación social; parejamente, los liberales han contado a la vez en sus filas, durante mucho tiempo, radicales y herederos del viejo *wigghism* aristocrático (pero casi todos estos últimos se han pasado al conservadorismo); finalmente, si la mayor parte de los laboristas aparecen como reformistas bastante prudentes, otros, menos numerosos pero más alborotadores, pueden pasar casi por revolucionarios.

(1) Los cambios políticos, aun inspirados por escrúpulos de conciencia, nunca son vistos con buenos ojos por la opinión británica; todavía no ha acabado de perdonar al propio Winston Churchill sus cambios de partido.

(2) Hasta 1900, los laboristas no tenían ningún representante en la Cámara de los Comunes; en 1906 constaban 29; 57 en 1918; 288 en 1919; 52 en 1931; 154 en 1935.

(3) Este resonante fracaso no ha sido debido únicamente a las disensiones de los liberales. Es igualmente imputable al sistema electoral y, por último, a la tendencia que hace que la Gran Bretaña vuelva siempre al régimen de dos partidos; desde el momento en que el laborismo hubo pasado a ser numéricamente el primer partido de oposición, el prestigio del liberalismo no podía menos de declinar.

Pero tienen que darse circunstancias enteramente excepcionales para que esas divergencias lleven a una ruptura; la ley mayoritaria es de ordinario respetada, y los descontentos siguen, aunque refunfuñen y critiquen, las directrices de los jefes elegidos.

Las coaliciones

El que los grandes partidos alternen en el poder es en la Gran Bretaña la regla tradicional. Pero es ésta una regla que está lejos de ser absoluta.

Desde luego, entre 1807, año en que se dislocó el «ministerio de todos los talentos», y 1915, en que se constituyó un Gabinete de coalición tripartita, fueron siempre (salvo un intermedio entre 1852 y 1855), bien los conservadores solos, bien los liberales solos quienes ocuparon el ministerio.

Pero Inglaterra, después, ha vivido, de treinta y un años veinte, bajo Gobiernos llamados de «coalición», de «unión» o de «cooperación». Lo que hay que añadir, sin embargo, es que 'esas combinaciones solo se han formado bajo la presión de circunstancias gravísimas, *y* que los electores Kan tendido siempre a deshacerlas.

Resumamos su historia:

Cuando, en 1915, la guerra contra Alemania cobró una amplitud y una gravedad insospechada, Herbert Asquith, jefe del Gabinete liberal entonces en el poder, sintió la necesidad de hacer participar a todos los partidos en la dirección del esfuerzo común. «Dimitió» a la mitad de sus colegas y eligió en lugar de ellos conservadores y también algunos laboristas. AI año siguiente, Lloyd George desbancó a Asquith y constituyó un Gabinete más restringido, pero igualmente de coalición.

Vinieron las elecciones de 1918; la mayoría liberal fue barrida, y en la nueva Cámara los conservadores tuvieron cincuenta y tres puestos más que todos los restantes partidos juntos.

Aun cuando laboristas y liberales «asquithistas» se hubiesen retirado de la coalición, los vencedores se avinieron a conservar la ficción de ésta y mantuvieron cuatro años al liberal Lloyd George a la cabeza de un Gabinete en el que eran ellos los verdaderos amos. En 1922 tuvo fin esta paradoja, y Bonard Law, líder del partido conservador, pasó a ser jefe de un Gobierno homogéneo.

En 1931 hubo que recurrir de nuevo a una coalición. El ministerio laborista dirigido por Ramsay Mac Donal, que solo se sostenía gracias al concurso de los liberales, se halló frente a una situación financiera dramática. Dimitió, y su jefe formó un Gabinete de «cooperación» en el que entraron cuatro laboristas, cuatro conservadores y dos liberales. En las elecciones que siguieron, los conservadores tuvieron una mayoría aplastante; tampoco esta vez quisieron disipar la ficción de la unión nacional, y aceptaron conservar a Mac Donald como primer ministro.

Pero éste, abandonado por la casi totalidad de los laboristas y por gran parte de los liberales, ya no era más que un prisionero de los conservadores. En 1935 se retiró y dejó el puesto al líder de estos últimos, Stanley Baldwin.

Teóricamente, el Gabinete siguió siendo un Gabinete de unión y comprendió todavía, al lado de diez y seis conservadores, tres «liberales nacionales» y tres «laboristas nacionales». Pero éstos no eran más que rehenes, y hasta mayo de 1940 el Gobierno de la Gran Bretaña fue de hecho puramente conservador.

Cuando, a consecuencia de los éxitos conseguidos en Noruega por el ejército alemán, hubo de retirarse Neville Chamberlain (que en 1937 había sucedido a Stanley Baldwin), Winston Churchill, nombrado primer ministro, formó un Gabinete de verdadera unión nacional. Ese Gabinete fue el que, por espacio casi de cinco años, dirigió la nave del Estado en medio de la más espantosa tormenta que la haya asaltado jamás.

Sin embargo, cuando, en la primavera de 1945, estuvo a la vista el puerto, el partido laborista manifestó voluntad de recobrar su independencia. Winston Churchill hubiera deseado que la coalición subsistiese por lo menos hasta el fin de las hostilidades con el Japón. No fue seguido, los ministros laboristas dimitieron y, en mayo, Winston Churchill tuvo que constituir un ministerio «provisional «, casi puramente conservador.

La coalición existente, por lo menos en teoría, desde 1931, se encontró definitivamente rota. La campaña electoral que se abrió en junio fue llevada por los partidos actuando aisladamente, y, en el escrutinio del 5 de julio, los laboristas consiguieron el éxito decisivo que todos hemos visto.

Bajo la dirección de Mr. Attlee han formado un ministerio homogéneo *y,* en general, la opinión se ha mostrado satisfecha. Pero si surgiera una nueva crisis grave —lo que, en la época que vivimos, no es, por desgracia, nada improbable— la eventualidad de una coalición entre los elementos moderados del laborismo y los progresistas del conservadorismo no estaría en modo alguno excluida.

2. ORGANIZACIÓN ACTUAL DE LOS PARTIDOS

Las organizaciones conservadoras y liberales

Tras diferentes tanteos, los tres grandes partidos británicos han llevado sus organizaciones a un punto de rara perfección.

La organización laborista presenta caracteres particulares y merece ser examinada aparte. Las organizaciones conservadora y liberal son parecidas. He aquí sus grandes rasgos:

En la base se encuentra, en cada circunscripción, una asociación local compuesta de «militantes» de ambos sexos (a veces acompañada de una asociación puramente femenina). Esos militantes son numerosos, se reúnen regularmente y cotizan.

Una vez por año, las asociaciones locales eligen delegados que, en número de más de un millar, se reúnen en congreso (los conservadores llaman a ese congreso *Conferencia,* y los liberales *Asamblea).*

En tiempos era el Congreso el que trazaba el programa del partido, e incluso definía la táctica que los afiliados debían seguir en el Parlamento. Ahora se limita, en general, a elegir agentes administrativos asalariados y a aplaudir los discursos de los jefes.

El órgano motor es desde ahora la *Oficina central* del partido, instalada en Londres, verdadero ministerio dividido en secciones que redactan octavillas y folletos, aseguran las relaciones con la prensa, organizan jiras de conferencias, proyecciones cinematográficas y emisiones radiofónicas, llevan al día la lista de los militantes, hacen estadísticas, alientan y vigilan a las asociaciones locales, reclutan los propagandistas, centralizan y administran los fondos del partido. Además, es a la Oficina a quien las asociaciones locales deben someter obligatoriamente los nombres de los candidatos que se proponen presentar. Cuando una asociación no ha encontrado en el campo local un candidato de su gusto, pide a la Oficina central que le designe uno.

La organización laborista

La disciplina es más rígida entre los laboristas que entre los conservadores y los liberales. Ha sido codificada en 1918 en una serie de reglamentos (*standing orders*) a que todos los afiliados deben someterse.

Esta rigidez se debe al origen sindicalista del partido laborista; en las *Trade-Unions,* de que todavía ayer eran casi todos ellos originarios, sus miembros han adquirido el hábito de la «solidaridad de clase» y del «frente común contra el patrono». Aun cuando ahora el partido se haya ampliado considerablemente y se reclute en medios muy diversos, la tradición subsiste.

Como los partidos conservador y liberal, el laborista tiene su Congreso anual —su *Conferencia*— que se reúne en primavera en una gran ciudad, diferente cada año.

La Conferencia reúne a los representantes de las *Trade-Unions,* con los delegados de las asociaciones socialistas y de las sociedades cooperativas. Cuenta, en principio, un miembro por cada cinco mil cotizantes, y posee atribuciones extensísimas. Lejos de no constituir, como los Congresos de los otros dos grandes partidos, más que una amplificación de la palabra de los jefes, la Conferencia laborista es un verdadero parlamento que traza el programa del partido y da impulso a toda su actividad(1).

En el intervalo entre estas conferencias, ejerce la autoridad un *Comité ejecutivo nacional* de veinticinco miembros, de los cuales doce son representantes de las *Trade-Unions,* doce de las asociaciones socialistas, y uno de las cooperativas.

El Comité, que elige su presidente, se reúne cada mes y vigila de cerca la acción de la Oficina central.

La Oficina laborista tiene las mismas atribuciones que los «Offices» de los otros dos partidos, pero ejerce, en lo que toca a la elección de los candidatos, un control aun más riguroso; para que dé su investidura a una candidatura propuesta por una asociación local es menester ante todo que ésta haya prometido hacer frente a los gastos de la campaña; hace falta, además, que el candidato se haya comprometido por escrito a respetar, si es elegido, la disciplina del partido. En la práctica, es la Oficina central quien tiene hoy la iniciativa de la mayor parte de las candidaturas laboristas. Merced a sus cuidados se lleva al día una lista de candidatos posibles.

En la órbita del partido laborista, y en estrecho enlace con él, gravita cierto número de organizaciones muy importantes, como la «Sociedad Fabiana», la «Liga de la Juventud laborista», la «Unión de Cooperativas», y otras más.

---

(1) La Conferencia del partido laborista es distinta del congreso da las *Trade-Unions,* que se reúne también anualmente.

Los grupos parlamentarios

Al lado, e incluso por encima de las organizaciones de partido, los grupos parlamentarios (*parliamentary parties*) guardan, sobre todo entre los conservadores y los liberales, una amplia autonomía. Se componen de afiliados al partido que tienen asiento tanto en la Cámara de los Comunes como en la de los lores[1].

Les pertenece el privilegio de elegir al líder, y este principio es considerable.

Se recordará que siempre es este líder el que, cuando el partido llega en mayoría a los Comunes, recibe del soberano la misión de constituir el ministerio. Se recordará asimismo que el líder, en el ejercicio de su misión puramente parlamentaria, está ayudado por los *whips,* perros de ganado que impiden, no sin ferocidad a veces, que se descarríe la grey.

Los presidentes de los «Offices» centrales conservador y liberal son diputados que los líderes designan. En cambio, el director de la Oficina laborista está subordinado al presidente del Comité ejecutivo central, el cual es distinto del líder parlamentario. De esta dualidad nacen a veces conflictos como el que, poco antes de las elecciones de 1945, enfrentó al profesor Laski, presidente del Comité ejecutivo, con Mr. Attlee, líder del grupo parlamentario.

Los grupos parlamentarios se reúnen, en principio, cada semana. En el curso de esas reuniones se debaten los problemas de actualidad y se determinan las posiciones tácticas. Las discusiones son a veces vivas, pero es raro que las propuestas hechas por el líder no sean adoptadas en definitiva. Prácticamente, las grandes cuestiones son decididas por un comité restringido compuesto de los miembros del Gabinete, si el partido está en el poder, o de algunos antiguos y futuros ministros si está en la oposición[2].

Es ese comité restringido el que, antes de cada elección, prepara el «manifiesto» destinado a servir de tema a los candidatos del partido. Entre los laboristas, sin embargo, el Comité ejecutivo central participa en su elaboración.

Se ha dicho mucho en Inglaterra que el funcionamiento de los grupos parlamentarios evolucionaba en el mismo sentido que el propio Parlamento; es decir, en un sentido que deja cada vez menos lugar a la iniciativa de los individuos y cada vez mayor autoridad a los jefes y a la máquina administrativa —un sentido, para decirlo todo, a la vez autoritario y burocrático.

Esto no es del todo exacto. Desde luego, un diputado que en una cuestión importante hablase y sobre todo votase en un sentido opuesto al indicado por el líder, se vería llamado al orden por los *whips;* al segundo desliz, el líder le infligiría una seria advertencia; al tercero, estaría muy expuesto a ser excluido del partido.

Pero entre los conservadores y los liberales hay tendencia a restringir el número de las cuestiones que ponen en peligro la disciplina. A los miembros del grupo se les pide que no se aparten de unos cuantos principios generales; en lo que toca a lo demás, se les concede una independencia bastante grande; quizá los jefes

(1) Solo se considera que forman parte de los grupos parlamentarios aquellos pares que asisten habitualmente a las sesiones de la Cámara alta.

(2) Con todo, los comités oficiosos de estudio que se han constituido en el seno de los grupos parlamentarios no dejan de tener cierta influencia en las decisiones de los jefes: así la comisión de Negocios Extranjeros del grupo parlamentario laborista.

conservadores, por razones de propaganda, vean incluso con buenos ojos a algunos de sus jóvenes colegas manifestar «opiniones avanzadas».

Entre los laboristas, por el contrario, la sumisión ciega a la consigna era, hasta estos últimos tiempos, la norma. Pero, el 30 de enero de 1946, el grupo parlamentario ha resuelto —cuando menos provisionalmente y a título de experiencia— derogar el reglamento relativo a la disciplina de sus miembros. «Una tradición de discusión libre», se lee en la exposición de motivos de la resolución, «combinada con un auténtico espíritu de buena camaradería y de cooperación, debe ser preferida a la letra de un reglamento escrito».

Esta decisión es importante: atestigua una evolución marcada en el partido laborista, que ha dejado de ser el instrumento de combate que durante largo tiempo ha sido para convertirse, con el mismo título que el partido conservador, en un espejo de múltiples facetas en el que pueden reflejarse varios aspectos del alma británica. Será interesante seguir los progresos de esta evolución; pero desde ahora puede señalarse que el diputado laborista, a medida que va alejándose de sus orígenes sindicales, tiende a ser menos el mandatario de una clase para convertirse más en representante de la nación.

Los «fondos de los partidos»

La «máquina» de los grandes partidos cuesta cara. No solo hay que pagar los gastos de redacción, de imprenta, de oficina, de alquiler de salas y de organización de jiras, sino, además, remunerar a un pequeño ejército de funcionarios, de secretarios, de agentes y de propagandistas.

Los partidos no se prohíben en modo alguno recibir donativos y subvenciones más o menos espontáneos, añadiendo a veces a ello, el partido que está en el poder, el resultado de tratos que tienen como contrapartida la concesión de la dignidad de par, de títulos nobiliarios o de condecoraciones. Es el primer ministro, ayudado por el principal *whip,* quien se ocupa de esos tratos un tanto tenebrosos. Lloyd George había llegado a ser maestro consumado en esto, y cuando dirigió el ministerio de coalición constituyó un «fondo» considerable, cuya gestión conservó incluso cuando sus partidarios ya no fueron más que un puñado. Por otra parte, el que hubiese vendido títulos se le reprochó menos que el haberlos vendido «a despacho abierto».

La fuente oficial de que se alimentan los «fondos» de los partidos sigue siendo en principio las cotizaciones de los afiliados; el inglés está dotado de sentido práctico, y sabe que sin dinero no se hace nada que dure. Por otra parte, nunca siente vergüenza de afirmar públicamente sus convicciones, cualesquiera que éstas sean. Por eso es un cotizante regularísimo. Entre los conservadores, el mínimo de la cotización anual es de un chelín; entre los laboristas es de cinco peniques; pero aquí esa cotización se añade las más de las veces a la debida a título sindical. Una ley reciente autoriza a los sindicatos a afiliar automáticamente a sus miembros al partido laborista, salvo que aquéllos expresen manifiestamente su voluntad en contra (*contracting out*).

Los pequeños partidos y los independientes

Con ser muy fuerte, la organización de los grandes partidos no impide que exista al lado de ellos cierto número de pequeños partidos; pero su acción electoral es débil, y en el escrutinio de 1945 no han conseguido hacer pasar arriba de una veintena de los suyos, en total.

Existen, sin embargo, y manifiestan actividad. Son el *partido laborista independiente,* que se sitúa en el ala izquierda del partido laborista propiamente dicho, el partido *Common Wealth,* cuyo programa presenta una curiosa mezcla de socialismo muy avanzado y de religiosidad, el partido de los *liberales nacionales,* que apenas son más que conservadores librecambistas, el partido del *Ulster,* compuesto de diputados de la Irlanda del Norte, la mayor parte de los cuales votan siempre, también, con los conservadores, y, por último, el *partido comunista.*

Éste es el mejor organizado, con sus ramas locales agrupadas en asociaciones de distritos, sometidas a su vez a las órdenes de un Comité ejecutivo central.

A pesar de esta organización, el partido comunista no conoce, hasta aquí, más que éxitos mediocres. En la Conferencia de 1942, el partido laborista, por 1.899.000 mandatos contra 132.000 se negó formalmente a aliarse con él, y en las elecciones de 1945 los comunistas no reunieron, en total, más que 102.784 votos, haciendo elegir solamente a dos candidatos. Aun cuando ciertas *Trade-Unions* parezcan hoy inclinarse a un acercamiento, la doctrina y los métodos del comunismo son demasiado ajenos al temperamento británico para que puedan hacer profunda mella en la nación.

Además, unos cuantos «independientes» que no pertenecen a ningún partido logran penetrar en el Parlamento. Catorce cuenta la actual Cámara.

Si los diputados de los pequeños partidos y los independientes pueden de tiempo en tiempo «cazar al vuelo la mirada del *Speaker*» y hacer oír su propia voz, toda esperanza de desempeñar un papel importante les está vedada. Hasta fines del siglo XIX y comienzos del XX no consiguió el grupo de los nacionalistas irlandeses, entonces nutrido y clamoroso, ocupar lugar importante en la Cámara, y a veces hacer inclinarse el fiel de la balanza; pero la secesión de la Irlanda del Sur ha privado a ésta de toda representación en Westminter.

3. LOS PARTIDOS Y LA DEMOCRACIA

¿La disciplina partidista, peligro para la democracia?

En la Gran Bretaña no falta quien piense que la organización de los partidos, por lo que de arbitrario y de artificial lleva aparejado, pone en peligro la democracia.

Así ha podido escribir un parlamentario eminente, lord Wedgwood; «Por los descontentos que suscita, por el ejemplo que propone a los fascismos, por la ruptura que provoca de los lazos que unen a los electores con los elegidos, por el envilecimiento del Parlamento que trae consigo, por la inutilidad que supone de toda apelación al razonamiento, la solidaridad partidista se me aparece como el enemigo más serio y peligroso de la democracia».

Pesimismo ligeramente excesivo; ya hemos visto que la tendencia reciente en el Parlamento, incluso entre los laboristas, es a relajar un tanto la disciplina de los partidos y a dejar cierta libertad de albedrío a los afiliados.

En cuanto a los electores, los partidos están lejos de haberse hecho del todo con ellos. Si, en caso de peligro nacional, los ingleses son capaces de la abnegación más completa, jamás abdican de los derechos de su conciencia; pasado el peligro, esa conciencia se manifiesta libremente, a pesar de todos los artilugios montados para dirigirla.

Por perfeccionada que esté la organización de los partidos, no lo está bastante para poner dique a las fluctuaciones de la opinión: en las elecciones de 1931, el número de laboristas elegidos descendió de doscientos sesenta y tres a cincuenta y dos; en las elecciones de 1945, ese mismo número pasó de ciento cincuenta y cuatro a trescientos noventa y tres.

El escrutinio uninominal de una sola vuelta entra por mucho, desde luego, en la amplitud de esos altibajos de puestos, amplitud muy superior a la de los cambios en los sufragios. No tendría, sin embargo, esa importancia si los electores ingleses estuvieran avasallados por los partidos.

Evidentemente, reconocen los servicios que esos partidos prestan instruyendo a la opinión, regularizando sus corrientes y agrupando las voluntades dispersas; evidentemente, en su respeto a la especialización, abandonan de buen grado a las organizaciones de partido el cuidado de decidir las cuestiones de táctica, e incluso en las de personal[1].

Pero, partidarios apasionados de la libertad, o, mejor dicho, a las libertades, quieren conservar celosamente la de juzgar no solo los programas, sino también a los hombres, y por eso son hostiles, en su inmensa mayoría, a todo sistema electoral por listas; fundamentalmente deportivos, también, no consideran ninguna doctrina política —salvo justamente las que niegan la libertad— como desdeñable o aborrecible en sí, y de bonísima gana se inclinarían a dar sucesivamente a cada una de ellas «su probabilidad».

Con un temperamento así, ¿cómo habría de dejarse encadenar una nación?

El porvenir

A decir verdad, algunos signos podrían movemos a pensar que ese temperamento evoluciona. Cansados por el heroico y agotador esfuerzo que han hecho durante la guerra, los ingleses parecen menos seguros de sí que antaño, menos confiados en la eficacia del esfuerzo personal, más inclinados a descargarse en el Estado del cuidado de organizar y conducir su actividad

Quizá, también, en algunos el espíritu deportivo propenda a declinar; así es cómo, inmediatamente de las elecciones de 1945, el profesor Laski, presidente del Comité ejecutivo laborista, ha podido declarar que el objetivo debiera ser desde ahora el aniquilamiento del partido conservador —es decir, de hecho, la instauración de un partido único. .

Palabras, para muchos oídos ingleses punto menos que sacrílegas; palabras que, entre los mismos laboristas, han suscitado vivas protestas; palabras, sin embargo, características de una tendencia.

¿Se afirmará esa tendencia, y la Gran Bretaña, que ya no conoce el parlamentarismo en estado puro, resbalará suavemente hacia una especie de totalitarismo burocrático? ¿O bien, repuesta del choque, volverá a encontrar intactas las virtudes individualistas que han labrado su grandeza y que le han permitido superar victoriosamente la última y crucial prueba?

La segunda hipótesis es la más probable: la decisión del grupo parlamentario laborista de devolver a sus miembros cierta libertad, parece sintomático a este respecto.

---

[1] Todo ciudadano eligible conserva, por lo demás, el derecho a presentarse a las elecciones sin el marchamo de ningún partido. Basta con que su candidatura sea presentada por ocho electores y respaldada por la constitución de una fianza de 150 libras esterlinas.

CAPÍTULO V

EL PARLAMENTARISMO EN EL IMPERIO

1. DESARROLLO DE LAS INSTITUCIONES POLÍTICAS EN LAS «POSESIONES DE ULTRAMAR»

El Parlamento británico no tiene jurisdicción sobre las posesiones de ultramar

El inglés es isleño. Su derecho, fundado en la costumbre, es un *jus soli,* un derecho territorial. En sus orígenes, el Parlamento no ha pretendido ninguna jurisdicción sobre las «posesiones de ultramar» de la Corona.

Allí, el rey era señor absoluto, fuera de la existencia de instituciones locales por él reconocidas: así, hasta la Unión de 1801, las instituciones irlandesas; así, aun hoy, las instituciones de las islas anglonormandas[1] y de la isla de Man.

Solo que la regia prerrogativa se ha visto imponer, en el transcurso de los tiempos, restricciones que han llegado, en ciertos casos, hasta hacerla desaparecer por completo.

En primer lugar, cuantas veces se ha tratado, no de la administración interna de las posesiones exteriores, sino de su relación, ya con la metrópoli, ya con el extranjero, cuando veces, asimismo, esas colonias han tenido que apelar al concurso financiero, militar o naval de la metrópoli, el Parlamento británico se ha estimado con derecho a imponerles textos legislativos.

Además, los colonos salidos de Inglaterra para establecerse en las «posesiones de ultramar» importaron consigo a éstas el gusto por las instituciones representativas. Donde quiera que eran bastante numerosos, reclamaron cartas reales que les diesen derecho a elegir asambleas deliberantes.

Asambleas de éstas se constituyeron primeramente en las Bermudas y en las Bahamas, y luego en las colonias fundadas en la ribera atlántica del continente norteamericano. Las asambleas votaban la legislación y las contribuciones locales, bajo la fiscalización de los gobernadores nombrados por la Corona y solo ante ésta responsables.

---

(1) En Jersey siguen promulgándose las leyes en francés antiguo: «En nombre del Rey, nuestro Duque», y los habitantes pueden pretender que, como su isla formaba parte, en tiempos de Guillermo el Conquistador, del ducado de Normandía, es Inglaterra, tierra conquistada, la que es su colonia.

De esta manera fueron adquiriéndose hábitos de autonomía que chocaron vivamente, a partir de mediados del siglo XVIII, con las pretensiones del Parlamento de Londres a imponer directamente contribuciones a los colonos.

El que esas pretensiones se hallasen en parte justificadas por los gastos militares en que la metrópoli se había metido para asegurar la defensa de las colonias, fue cosa que trajo sin cuidado a muchas de ellas. Y así surgió, en las trece colonias americanas, la resistencia, y luego la rebelión, que dieron por resultado, con la ayuda de Francia, la independencia de los Estados Unidos.

Instruido por esta dura experiencia, el Gobierno británico propendió a entrometerse cada vez menos en la administración interior de las colonias pobladas en su mayoría por blancos. Incluso, en ciertos casos, como en las colonias canadienses y en las nuevas colonias australianas, admitió la creación de verdaderos ministerios responsables ante las asambleas locales, conservando el gobernador no más que un derecho de veto, o el de apelar a Londres. En otros lugares se conservó la organización anterior. Pero jamás se trató en serio de admitir a las colonias a que enviasen diputados a Westminster; ello hubiera sido contrario al principio del *jus soli.*

Clasificación de las colonias a mediados del siglo XIX

A mediados del siglo XIX, las «posesiones de ultramar» se dividían (si dejamos aparte las islas anglonormandas y la isla de Man) en tres grandes grupos.

Primero, las que, como las colonias canadienses (federadas desde 1840), las colonias australianas, Nueva Zelandia, la colonia del Cabo, Santa Elena y Terranova, tenían un Parlamento, legislador único en materia interior, y un ministerio responsable.

Luego las que, como las islas antillanas, la Guinea británica, Gibraltar, Malta, Ceilán y otras muchas, solo poseían asambleas de competencia restringida, o bien no poseían la menor asamblea: ésas eran las colonias llamadas de la Corona.

Finalmente, las Indias, regidas hasta 1858 por la honorable Compañía de las Indias Orientales, y que en esa fecha pasaron a estar sometidas a la administración de la Corona, ejercida ya directamente, ya por medio de los rajáhs locales.

La mayor parte de los ingleses no concedían entonces a las colonias una importancia política extremada; admitían en general que las del primer grupo debían evolucionar necesariamente hacia una independencia completa; en cuanto a las otras, las estimaba más costosas que útiles, y de buena gana se hubieran contentado con factorías comerciales; muchas de las conquistas que se hicieron en ese período se debieron a la iniciativa de exploradores o de administradores locales, sin la anuencia previa del Parlamento y a pesar de las resistencias de la opinión.

Desarrollo de la noción imperial.

Hacia 1875, ese estado de espíritu cambió: Disraeli hizo la anexión de Chipre, y, con su gusto por el fausto oriental, condecoró a Victoria con el título de Emperatriz de las Indias. Victoria quedó encantada y sus súbditos se aficionaron a lo que, en sentido lato, empezaba a llamarse «el Imperio».

Fundáronse asociaciones «imperiales»; apareció una literatura «imperial», cuyo genial protagonista iba a ser bien pronto Rudyard Kipling; manifestáronse estadistas «imperiales», como fueron Cromer y Joseph Chamberlain. A despecho de la religión cambista, vio la luz la doctrina de la «preferencia imperial». En vano resistió Gladstone; fue la época de la gran expansión colonial, que llevó, a fines del siglo, a la guerra del Transvaal.

Esta guerra, penosa y costosa, hizo reflexionar a los británicos. Estaban orgullosos, desde luego, de ver flotar la *Union Jack* sobre más de la cuarta parte de las tierras habitables del globo y sobre cerca de la cuarta parte de sus habitantes. Pero ese inmenso Imperio, hecho de elementos tan dispares, faltaba aún organizarlo.

Algunos pensaron en instituir en Londres un «Parlamento imperial» que hubiese reunido a los representantes de los Parlamentos particulares y ante el que hubiera sido responsable un ministerio común. Esta construcción sistemática iba demasiado en contra del pragmatismo de los ingleses y de su gusto por las adaptaciones lentas, para que tuviera grandes probabilidades de realizarse. Se quedó en las tomas de contacto entre jefes de los diferentes gobiernos del Imperio. En 1887 tuvo lugar una primera «Conferencia colonial»; siguieron otras, a las que se dio, a partir de 1907, el nombre de «Conferencias imperiales».

Esas Conferencias se celebran ahora cada tres o cuatro años; se componen habitualmente del primer ministro de la Gran Bretaña, presidente, del secretario de Estado británico para los Dominios, de los primeros ministros de cada uno de esos Dominios, y de un representante de la India. En los intervalos, funciona en Londres un secretariado permanente.

Consecuencias de la guerra de 1914-1918

La guerra de 1914-1918 atestiguó a la vez la lealtad del Imperio (excepción hecha de Irlanda) respecto de la metrópoli, y la voluntad de las partes más desarrolladas de ese Imperio de cesar por completo de ser colonias. La sangre vertida en las llanuras de Flandes y en los Dardanelos por los anzacos, los canadienses e incluso los surafricanos y los hindúes había suscitado una corriente que no era posible hacer volver atrás. Los estadistas ingleses lo comprendieron y, en la Conferencia de Paz, y luego en el seno de la Sociedad de las Naciones, reclamaron para los «Dominios» un lugar teóricamente igual al de la Gran Bretaña[1].

Al mismo tiempo se esforzaron por liquidar, en el sentido más liberal posible, la sangrienta cuestión de Irlanda. Tras laboriosas negociaciones, una ley de 1922 abolió el acta de Unión, suprimió la representación de la Irlanda del Sur en Westminster y reconoció a ésta el estatuto de «Dominio». Otra ley había dado ya a las provincias de la India un comienzo de autonomía local.

La Conferencia imperial reunida en 1921 había decidido que la autonomía de los Dominios podría ejercerse incluso en el orden de las relaciones exteriores. Desde 1923, el Canadá se prevalió de esta decisión para concluir, sin intervención de la Gran Bretaña, un tratado económico con los Estados Unidos.

Los demás Dominios no tardaron en aprovechar la lección y, dando un paso más, empezaron —habiendo dado el ejemplo Irlanda— a acreditar representantes diplomáticos permanentes cerca de ciertas potencias extranjeras.

---

(1) La expresión «Dominio», aplicada primeramente al Canadá y a Nueva Zelanda, pasó a calificar oficialmente, a partir de 1907, todas las grandes colonias de gobierno autónomo (*Self-governing colonies*).

La Conferencia imperial de 1926 precisó que ningún tratado concluido por la Gran Bretaña obligaría en lo sucesivo a un Dominio si no había sido firmado al mismo tiempo por un plenipotenciario de este último. Hoy, los Dominios mantienen en el extranjero no solo ministros, sino, a veces, embajadores (tal es el caso, por ejemplo, del Canadá en Francia). Y esos embajadores, si son más antiguos en el puesto, tienen precedencia sobre el embajador de la Gran Bretaña.

En el curso de la misma Conferencia de 1926 fue cuando se adoptó, basándose en la potencia de Balfour, la resolución que define el Imperio británico como «un grupo de comunidades autónomas, iguales en estatuto y en modo alguno subordinadas unas a otras, ni para sus asuntos interiores ni para sus relaciones exteriores, pero unidas por una común fidelidad a la Corona y libremente asociadas como miembros de la Comunidad (*Commonwealth*) de las naciones británicas».

El Estatuto de Westminster

Estas declaraciones, con ser capitales, no tenían propiamente valor legal. La laguna quedó colmada en 1931 con el *Estatuto de Westminster,* que, votado por el Parlamento inglés y por los de los Dominios, constituye hoy la Carta del Imperio —o mejor del *Commonwealth*— británico.

Según las cláusulas de este famoso texto, todo lazo de subordinación entre la Gran Bretaña y los Dominios ha quedado roto. Solo sigue uniéndoles un monarca común.

De donde se deduce, ante todo, que el orden de sucesión al trono ya no puede cambiarse sin el consentimiento de todos los miembros del *Commonwealth*[1], y luego, que los gobernadores generales ya no representan ai Gobierno de Londres, sino solamente a la persona del soberano. Esto quiere decir, prácticamente, que el gobernador general del Canadá, por ejemplo, ya no es nombrado a propuesta del «Gobierno de Su Majestad en Gran Bretaña», sino del «Gobierno de Su Majestad en el Canadá». Las más de las veces, los gobernadores generales son ahora personalidades locales; pero hay excepciones: así, por sugerencia del Gobierno de Canberra, el duque de Gloucester, hermano del rey, ha sido designado para el cargo de gobernador general de Australia; por indicación del Gobierno de Ottawa, se nombró gobernador del Canadá al Mariscal Alexander.

Como los gobernadores generales ya no son agentes del Gabinete inglés, ha habido que encontrar un nuevo canal de comunicación entre este último y los gabinetes de los Dominios. Problema resuelto con la institución de altos comisarios o ministros residentes que son verdaderos agentes diplomáticos, representantes, unos, de los Dominios en Londres, y otros del Gobierno británico cerca de los Dominios. No es, sin embargo, el *Foreign Office* quien da instrucciones a los agentes británicos, sino el ministerio especial de los Dominios. Y es ante este ministerio ante quien se hallan acreditados los agentes de los Dominios.

La legislación interna era, desde mucho tiempo, prerrogativa exclusiva de los parlamentos locales. El Estatuto de Westminster ha ido más allá al precisar que ninguna medida que interesare al conjunto del Imperio y que fuere votada por el

(1) Esta disposición del Estatuto de Westminster ha encontrado su aplicación, como hemos visto, con ocasión de la abdicación de Eduardo VIII.

Parlamento inglés sería, en lo porvenir, obligatoria para los Dominios, a no ser en virtud del consentimiento expreso de éstos. Nada, por ejemplo, puede hoy impedir a uno de ellos permanecer neutral en el curso de una guerra en que la Gran Bretaña sea beligerante (ésa fue, por lo demás, en el curso de la guerra de 1939-1945, la actitud de la Irlanda del Sur).

Queda un terreno en el que Londres conserva cierta prerrogativa: el Comité judicial del Consejo privado británico sigue siendo, en principio, el Tribunal supremo de apelación para el conjunto de las «posesiones ultramarinas» de la Corona. Pero ni aun esta prerrogativa tiene ya más que aplicaciones restringidas: la Irlanda del Sur se ha emancipado enteramente de ella, el África del Sur casi por completo, y Australia en gran parte[1].

2. LOS REGÍMENES ACTUALES

Clasificación actual de los diferentes elementos del Imperio

Hoy, como ocurría ya a mediados del siglo XIX, el Imperio se encuentra dividido en tres grandes grupos: los Dominios, las colonias de la Corona, y la India. (Pueden añadirse diferentes «zonas de influencia».) Su respectiva importancia y su administración han sufrido en todo momento alteraciones profundas.

Los Dominios

Los Dominios (en el siglo XIX se decía las colonias autónomas) son ahora, acabamos de verlo, Estados independientes, así en derecho como de hecho.

Son el Canadá, Australia, Nueva Zelanda, África del Sur, Rhodesia meridional y, en lugar aparte, la Irlanda del Sur, o, según el nombre que oficialmente se ha dado a sí misma en 1937, el *Eire*[2].

Cada uno de estos Dominios ha adoptado, modificándolo más o menos, el régimen parlamentario tal como funciona en la Gran Bretaña. Pero, a diferencia de lo que ocurre en la madre patria, ese régimen se encuentra definido en todas partes por una constitución escrita.

El Canadá y Australia tienen de particular el constituir sendas federaciones. Por debajo del Parlamento federal existen en ambas parlamentos provinciales que tienen competencia en todas las materias que la Constitución no reserva a la Federación. El África del Sur tiene un régimen intermedio. Nueva Zelandia y la Rhodesia del Sur son francamente unitarias.

---

(1) Para mantener alguna unidad entre la jurisprudencia de la Gran Bretaña y la de las «posesiones ultramarinas» de la Corona, se ha recurrido a cierto artificio que va bien con el genio británico: ni por un momento se ha tratado de fusionar la jurisdicción de la Cámara de los lores con la del Consejo privado; lo que hay es que en la práctica, los mismos hombres son «lores ordinarios de apelación» en la Cámara alta y miembros del Comité judicial del Consejo privad?. Pero en cada una de estas dos calidades juzgan en locales distintos y con arreglo a procedimientos diferentes.

(2) La Irlanda del Norte está sometida a un régimen mixto; tiene un Gobernador general, un Senado y una Cámara de los Comunes, pero que solo gozan de competencia en materia interior. Para los demás, esta parte de Irlanda se halla sometida al Parlamento de Westminster, en el que, por otro lado, está representada.

Todos los Dominios (salvo el Eire) tienen a la cabeza un gobernador general que apenas es ya más, como el propio rey de Inglaterra, que un mascarón de proa. En virtud de la Constitución de 1937, el Eire posee un presidente elegido directamente por el pueblo y dotado de poderes bastante amplios[1].

Todos tienen un Gabinete responsable presidido por un primer ministro y reclutado en el partido dominante o en la coalición de los partidos dominantes. Ese Gabinete lleva en el Canadá el nombre de Consejo privado, en otros Dominios el de Consejo ejecutivo.

Todos poseen dos Cámaras: la Cámara baja, que en todas partes es elegida por sufragio universal de los dos sexos (universal, cuando menos, en lo que toca a los ciudadanos de raza blanca), y una Cámara alta reclutada conforme a sistemas variables: en el Canadá, los senadores son nombrados con carácter vitalicio por el gobernador general, a propuesta del primer ministro; en Australia los eligen por seis años los electores de cada uno de los Estados que componen la Federación; en África del Sur son nombrados en parte por el gobernador general, en parte elegidos por los consejos provinciales; en el Eire son designados con arreglo a un complicado método que concede un gran lugar a los intereses económicos y culturales[2].

En general, los senados de los Dominios tienen menos prestigio, pero más poderes que la Cámara de los lores. Sin embargo, las Constituciones de todos los dominios contienen disposiciones que aseguran la última palabra a la Asamblea popular.

En todas partes, asimismo, está en vigor el sistema de los grandes partidos homogéneos. En todas partes es suprema la ley mayoritaria (la representación proporcional no se aplica más que en el Eire). En todas partes, igualmente, es habitual la práctica de la disolución. De ello resulta una estabilidad ministerial que, aún cuando esté algo menos asegurada que en la Gran Bretaña, no por eso es menos digna de nota.

En conjunto, las trazas son de que el parlamentarismo británico ha dado en los Dominios vigorosos retoños. Quizá las costumbres políticas sean menos puras que en la Gran Bretaña; de todos modos, siguen siendo sanas. Ello se debe al inmenso prestigio que posee, a pesar de ciertas reacciones verbales a menudo vivísimas, el ejemplo de la metrópoli; se debe, también, a la acción de estadistas de primer plano como Mr. Mackenzie King en el Canadá, o como el general Smuts en África del Sur; el caso de este último, en cuanto primer ministro de Su Majestad, es particularmente significativo, ya que empezó su carrera a tiros con los ingleses.

Hoy se ha renunciado por completo al pensamiento de federar los Dominios bajo la autoridad de un Parlamento imperial. Cada uno de ellos, en el curso de las reuniones internacionales, afirma gustoso su entera independencia, y ni siquiera teme entrar en franco conflicto con la madre patria. No por eso es menos cierto que el vínculo que une entre sí a las diferentes naciones del *Commonwealth* (exceptuando siempre al Eire) sigue siendo muy fuerte. Ahí está para probarlo la última guerra.

---

(2) Prácticamente, la única marca que subsiste de la subordinación del Eire a la Corona británica reside en el hecho de extenderse todavía en nombre del rey las cartas que acreditan a los enviados diplomáticos irlandeses en el extranjero.

(2) El Senado irlandés, abolido en 1936, ha sido restablecido por la Constitución de 1937.

La similitud de instituciones políticas entra por mucho en la fuerza de ese vínculo. Para que llegara a romperse se necesitarían extrañas sacudidas.

Las colonias de la Corona

Las colonias llamadas de la Corona están controladas en Londres por el secretario de Estado para las Colonias, responsable ante el Parlamento de Londres. Y este último posee en ese terreno, concurrentemente con el Consejo privado (es decir, de hecho, con el secretario de Estado), el derecho de legislación.

Sobre el terreno, es Su Excelencia el gobernador, que representa no solo al rey, sino al Gobierno de la metrópoli, quien ejerce la plenitud del poder ejecutivo.

Sin embargo, las antiguas colonias, como las de las Antillas y la Guinea, conservan sus asambleas particulares que legislan en materia local, sin que, por lo demás, los jefes de los servicios administrativos sean responsables ante ellas. Se han instituido asambleas análogas en ciertas colonias de adquisición más reciente; algunas de ellas, como Ceilán y el África oriental, parecen hallarse en vías de evolución hacia el estatuto de Dominio.

La India y las «zonas de influencia»

Es igualmente el pleno estatuto de Dominio —cuando no la independencia formal— lo que reclama la India, o por lo menos los habitantes de la India que se interesan por la política.

En 1935, el Parlamento pensó dar satisfacción a esas aspiraciones dotando a la India de una verdadera Carta constitucional. Carta complicadísima, puesto que había de tener a la vez en cuenta los intereses británicos, las oposiciones religiosas y raciales que alzan a unos pueblos de la India contra otros, y, finalmente, la existencia, a par de la India inglesa propiamente dicha, de una «India de los rajáhs», sometida a un régimen de protectorado.

El sistema, en globo, lleva aparejada una federación, cada una de cuyas provincias componentes posee una asamblea y un ministerio parcialmente responsable; por encima de ellos se instituye un Parlamento federal compuesto de dos Cámaras, una nombrada por el virrey, otra elegida por un sufragio de contribuyentes; existe asimismo un ministerio federal, pero que solo tiene poderes limitados, ya que la autoridad del virrey continúa siendo, bajo la fiscalización del Gobierno de Londres, suprema. Hay disposiciones particulares aplicables a la «India de los rajáhs» y a Birmania.

Este armatoste ha funcionado mal. La idea que había presidido su construcción era iniciar poco a poco a los hindúes en la práctica del régimen parlamentario. Pero ese régimen, al que los Dominios de raza blanca se han adaptado tan perfectamente, sigue siendo ajeno al genio de los orientales. En rigor, el gran partido nacionalista de la India brahmánica —el partido del Congreso— ha boicoteado la Constitución, y las asambleas, trabajosamente constituidas, han funcionado en el vacío las más de las veces. Durante la guerra se han producido graves disturbios, y el virrey ha tenido que volver a hacerse cargo, en la práctica, de la plenitud de la autoridad. En 1942, Sir Stafford Cripps, miembro del Gabinete de Londres, se trasladó a la India con la misión de encontrar una fórmula de transacción. Esa misión fracasó.

El final de la guerra no ha devuelto la calma a los espíritus. La mayoría laborista llegada al poder en Westminster traía en su programa la autonomía de la India, y, yendo aún más lejos, Mr. Attlee, en su discurso del 15 de marzo de 1946 ha dado a entender que si los hindúes se pronunciasen netamente por la plena independencia, el Gobierno británico no se opondría a ella. Promesa más engolosinadora acaso que substancial, porque es verosímil que la fuerte minoría musulmana que existe en las Indias se oponga a la instauración de un régimen que correría peligro de dejarla entregada al arbitrio de la mayoría brahmánica.

La situación, que acaban de complicar los manejos de la propaganda comunista, sigue siendo oscura. Una nueva delegación del Gabinete británico, que llegó a Delhi en marzo de 1946, hubo de volverse sin haber concluido nada definitivo. Se trata de proceder en las Indias a elecciones sobre una base más amplia que la que había instituido la Carta de 1935, De esas elecciones saldría una Constituyente encargada de dotar a la Península de un régimen definitivo. Pero ¿podrá desempeñar su misión esa Constituyente? El régimen parlamentario, que ha hecho maravillas en la Gran Bretaña, pero cuyo funcionamiento es tan delicado, ¿conviene a las efervescentes e intolerantes poblaciones de la India? La cosa sigue siendo dudosa, a pesar de la afirmación de los intelectuales indígenas.

Empapada de la excelencia de ese régimen, la Gran Bretaña no podía oponerse a su introducción en los países adelantados que, sin formar propiamente parte del Imperio, pertenecen a su esfera de influencia. El Egipto, el Irak, tienen sus Parlamentos. ¿Son verdaderamente representativos, o apenas constituyen más que instrumentos en manos de pandillas políticas? Los hechos se inclinan hacia la segunda hipótesis. En todo caso, los agentes que Inglaterra mantiene en los países en cuestión están familiarizados con el sistema, y saben utilizar hasta las mismas imperfecciones de éste.

3. EVOLUCIONES POSIBLES

El porvenir del Imperio

Pragmatismo, oportunismo, tanteos, preferencia dada a lo que funciona prácticamente sobre lo que satisface a la lógica, liberalismo también y sincera busca del interés del mayor número, en las instituciones del *Commonwealth* tomado en su conjunto se encuentra todo lo que caracteriza las instituciones de la Gran Bretaña propiamente dicha.

Como las segundas, por lo demás, las primeras están en evolución constante, y esa evolución se afirma generalmente en los hechos antes de traducirse en los textos.

En 1911, por ejemplo, el primer ministro Asquith declaraba solemnemente que el Gobierno de Londres no podía seguir siendo señor único de la política exterior del Imperio. Ocho años después, los Dominios eran admitidos a la Sociedad de las Naciones en el mismo pie que la Gran Bretaña. Doce años más tarde, empezaban a concertar tratados separados.

Esta revolución se había llevado a cabo sin crisis, con ayuda de conversaciones, de arreglos oficiosos y de aquiescencias tácitas. Y hasta 1931 no vino a darle sanción legal el Estatuto de Westminster,

Son de prever nuevos desarrollos: es posible que ciertas partes del Imperio operen una secesión completa; es posible —y ése parece ser el deseo de hombres como Winston Churchill— que, sin abdicar de su personalidad, el *Commonwealth* británico acabe por imbricarse en una comunidad más vasta, que sería el mundo anglosajón.

Todo dependerá de las circunstancias y de las contingencias; puede contarse con el espíritu político de los ingleses —espíritu formado por siglos de régimen parlamentario— para que todo ocurra con el mínimo de sacudidas, en una atmósfera de realismo, sin inútil referencia a cuestiones de prestigio, y, al mismo tiempo, de conformidad con los intereses primordiales de la Gran Bretaña.

Discutir, tratar al interlocutor no como a un enemigo, sino como a un compañero, comprender su punto de vista al mismo tiempo que se trata de hacer prevalecer el suyo propio: ésa es la fórmula del régimen parlamentario, es la que permite y permitirá sin duda a Inglaterra seguir siendo el centro y la animadora de esa sexta parte del mundo formada por el *Commonwealth* de las naciones británicas.

CAPÍTULO VI

RITOS CONSTITUCIONALES DE ALLENDE LA MANCHA[1]

1. ELECCIÓN DE UN DIPUTADO

En una pequeña ciudad del sur de Inglaterra.

Ciudad antigua y pequeña, que domina la torre de una catedral de estilo gótico «perpendicular». Casas de ladrillos rosa, rematadas por techos de pizarra y rasgadas por ventanas sin postigos, calles estrechas y limpias que alegran grandes carteles en que unas *girls* de tez de durazno y unos chiquillos mofletudos alaban los méritos de tal jabón de tocador, de tal marca de neumáticos o de cuál laxante. Un tranvía perezoso. Un barrio «residencial» cuyas «villas» se rodean de jardinillos con céspedes rastrillados cada día; un barrio obrero cuyas vías se alargan entre *cottages* impecablemente uniformes; algunos *squares* plantados de hermosos árboles. Canchas de deportes: todo ello digno y más bien aburrido. Solo la brisa que llega del mar vecino da al conjunto un poco de tono y de sabor salado.

Hoy, sin embargo, la pequeña ciudad, de ordinario adormecida, se muestra en extremo bulliciosa: enormes carteles pegados acá y allá ofrecen a la vista gigantescos retratos fotográficos rodeados de textos en caracteres desiguales; a lo largo de numerosas fachadas corren banderolas con un llamamiento seguido de un nombre propio: *"Vote for Smith...»*, *«Vote for Brown...»*. El mismo llamamiento se lee en el pecho y en la espalda de los hombres-anuncios que van pasando. Hay banderas en las ventanas, gallardetes en los tranvías. Autos que circulan rápidos. Los transeúntes de ambos sexos enarbolan en el ojal de la solapa o en la blusa escarapelas de varios colores. Resuenan los altavoces. En suma, es una animación general que parece tener por focos tres inmuebles cubiertos de arriba abajo de pasquines rutilantes.

Es que, hace cosa de veinte días, una Proclama Real, leída solemnemente en las principales encrucijadas, ha pronunciado la disolución de la Cámara de los Comunes y dado a conocer la voluntad del soberano de «volver a encontrar a Su pueblo» en un nuevo Parlamento. Inmediatamente después, el alcalde de la pequeña ciudad —que tiene, desde el siglo XV, el honor de ser un «burgo dotado de

---

(1) Las estampas que siguen no son alusiones a ninguna acción vivida en un día determinado. Su objeto, al representar fielmente algunas escenas características de la vida constitucional de la Gran Bretaña, no es sino ilustrar, a manera de estampas, las páginas precedentes.

carta»— ha recibido, expedido por el Oficial de la Corona en la Cancillería, un *writ* sellado con un gran Sello, que le da la orden de hacer proceder a la elección de un diputado «para que sirva en el Parlamento». Y mañana, aquí como en todo el reino, es cuando tiene lugar el escrutinio.

Desde bastante tiempo antes, los partidos han empezado ya de hecho su campaña, pero no hace más que nueve días que han sido declaradas oficialmente las candidaturas, habiendo sido apoyada cada declaración por la firma de diez electores y por la constitución de una fianza de ciento cincuenta libras esterlinas. De no haberse presentado más que un candidato, hubiera sido elegido inmediatamente; como hay tres, es preciso ir a las urnas.

De esos tres candidatos, dos, el conservador y el laborista, son varones; el tercero es una candidata que se presenta por el partido liberal.

El conservador —llamémosle Sir Thomas Brown— es el diputado saliente. Pertenece a una rancia familia, y su padre ha representado a la ciudad en el Parlamento antes que él. Gran industrial, rico, generoso, considerado, su designación como candidato del partido por la Asociación local y la ratificación de esa elección por el «Office» central de Londres han sido simples formalidades. No es hombre muy brillante, y nunca se ha hecho notar en los bancos de los Comunes, pero su sensatez es innegable y su popularidad segura, incluso entre sus obreros. Sus amigos dan como cosa punto menos que cierta su reelección.

La candidata liberal —Mrs. Jones—, aun cuando no sea oriunda del «burgo», lleva establecida en él mucho tiempo como directora de un establecimiento docente privado. Aquí se ha hecho apreciar por su entusiasmo por las obras sociales, y se ve rodeada de la estimación general. Por eso, aun cuando su talento oratorio sea mediocre, y a pesar de haber sido derrotada en unas elecciones anteriores, el Comité local del partido liberal ha vuelto a presentarla candidata. Pero el mismo Comité tiene que reconocer que sus mesnadas son cada vez menos numerosas, y combate más por la negra honrilla que con la esperanza de un triunfo.

El tercer candidato, el laborista —John Smith— es desconocido en la región. Por no haber podido entenderse a cuenta de ningún nombre los sindicatos obreros y la asociación socialista de la ciudad, el Comité ejecutivo central del partido ha enviado a la liza a uno de sus favoritos. Es un periodista joven aún, de pluma despierta y palabra incisiva. Guapo mozo, por añadidura, deportivo, y que, como aviador, puede presentar brillantes hojas de servicios. En esta circunscripción tradicionalmente conservadora, sus probabilidades de triunfo parecen escasas, pero desde el comienzo de la campaña no han cesado de ir mejorando. Los amigos de hacer apuestas —y son numerosos— solían darle al principio seis posibilidades de buen éxito contra una; ahora, la cotización ha subido a cinco contra dos.

Cualquiera que sea su origen, cada uno de los tres candidatos puede contar con el apoyo íntegro e incondicional de todos los militantes de su partido. Ninguna disidencia, nada de enfurruñamientos, de puñaladas traperas. Avezados desde hace largo tiempo al juego electoral, los ingleses juegan a él lealmente, y saben que la primera de sus reglas es la cohesión de los equipos.

Los miembros de cada comité se han repartido las tareas: unos se ocupan especialmente de la organización material de la campaña, otros de la redacción de las circulares, carteles y artículos de prensa: otros, en fin —los *canvassers*—, se dedican a visitar a domicilio a todos los electores.

Los mismos candidatos se han agitado sin tasa: pasándose parte de sus jornadas en el local de sus comités, han empleado el resto de ellas en recorrer las calles de la ciudad dando apretones de manos, comentando sus circulares, celebrando en los «squares» reuniones improvisadas. Por la noche, en varias ocasiones, cada uno de ellos ha hablado por la radio o ha intervenido, rodeado de sus más calurosos partidarios, en una reunión organizada en alguna sala de escuela o de cine. Discursos bastante breves, sazonados con anécdotas humorísticas y que se limitan a comentar los programas trazados en Londres; acoso de preguntas a las que importa responder en tono jovial; votación a mano alzada de mociones de confianza. Buen humor, bastante ruido, muchas chirigotas, muy pocas groserías ni invectivas de orden personal: la justicia británica no bromea con la difamación, y el diputado saliente ha hecho condenar en otros tiempos a daños y perjuicios ruinosos a un contradictor que en el curso de una precedente campaña electoral le había atacado en su vida privada.

Una noche, gran atracción: un miembro del Gobierno en persona ha venido a poner su elocuencia y su prestigio al servicio de la candidatura del Sir Thomas Brown. Cuatro días después, como réplica, es uno de los más ilustres jefes laboristas el que ha desembarcado del tren para defender la causa de su partido. En ambos casos, la gente ha gritado mucho, ha aplaudido, ha abucheado y luego se ha ido a beber.

Pero ¡cuidado!, que no se ha bebido a costa de los candidatos: la ley tiene formalmente prohibido a éstos refrescar a expensas de su bolsillo los gaznates secos. Por eso se ha señalado el máximo de los gastos electorales en cinco peniques por elector, llevando aparejada la invalidación de la elección todo lo que pase de ahí. Como nuestra circunscripción cuenta veintiséis mil quinientos cincuenta electores, ese máximo se cifra en quinientas cincuenta y tres libras esterlinas. A cada candidato se le ha asignado un agente que lleva las cuentas y que las presentará, en los treinta y cinco días siguientes al escrutinio, a la autoridad competente.

Esta noche es, en nuestra ciudad, la última antes de la jornada decisiva. Está prevista una magna reunión pública —reunión contradictoria, lo que es raro. Se celebra en una sala de cine en la que se ha alzado, en el lugar de la pantalla, un estrado. Los ciudadanos que no han encontrado sitio en el interior se quedan en la calle, a escuchar los altavoces. Se ha formado una mesa, se ha designado un presidente; sucesivamente, cada candidato toma la palabra, siendo bien pronto atajado por una rociada de interrupciones y preguntas. El conservador se saca del bolsillo una *Union Jack* que agita mientras sus partidarios entonan el *Rule Britannia.* Sus adversarios responden declamando a voz en grito *Bandera Roja.* Hacia el final se ha operado una conciliación en un *God Save the King* casi general. John Smith, el candidato laborista, lleva en el ojal de la solapa un clavel encarnado. La gente recuerda que la antevíspera ha desempeñado brillantemente su papel como «medio centro» en un equipo de fútbol. Las mujeres lo encuentran guapo. Su cotización pasa a ser de seis contra tres.

Al día siguiente, día de escrutinio —día laborable, porque en Inglaterra no se celebran nunca elecciones en domingo—, se abren varias secciones o colegios electorales, dirigida cada una de ellas por un delegado del alcalde, al que asisten unos cuantos secretarios y vigilan los representantes de los candidatos.

He aquí, en uno de esos colegios electorales, a las 8 en punto, la primera electora que se presenta: es una obrera joven. Dice su nombre y su dirección al presidente, que confronta esas indicaciones con la lista electoral, en la que figuran todos los súbditos y súbditas británicos de veintiún años por lo menos, domiciliados en la ciudad y en el disfrute de sus derechos políticos. La electora toma luego una papeleta timbrada con un sello oficial, arrancada de un libro matriz y en la que están impresos los nombres de los tres candidatos. Pasa luego a la cabina aislada, marca con una cruz el nombre de John Smith, dobla la papeleta y va a depositarla en la urna.

Pero ya afluyen los electores que ejecutan sucesivamente los mismos ritos. Hay una gran prisa antes de la hora de apertura de las fábricas y oficinas; a la hora del cierre de éstas volverá a repetirse.

Mientras tanto, los amigos de los candidatos surcan la ciudad en automóviles que ostentan banderolas con los colores de su partido. Se detienen delante de las casas en que se sospecha que hay electores enfermos o simplemente perezosos. A éstos se le conjura a que vayan a votar, se les engatusa, se les mete en el coche y se les lleva a tirones a depositar su voto. Las abstenciones, debido a esta organización, no son muy numerosas. Hoy, su proporción pasará apenas del doce por cien.

A las ocho de la noche se cierra el escrutinio. Las urnas no se abren en cada colegio electoral, sino que se llevan al ayuntamiento, donde va a tener lugar el recuento de los votos. El alcalde preside la operación, ostentando al cuello la maciza cadena insignia de su autoridad y rodeado del escribano de la ciudad, con su peluca gris, del macero con su dalmática roja, y de algunos interventores. Muy pronto se echa de ver que Mrs. Jones va a quedar completamente a la cola, mientras que Sir Thomas Brown y John Smith, en cambio, se siguen muy de cerca. El primero parece por un momento sacar ventaja, y, entre los espectadores, la cotización del segundo desciende a dos contra uno. Pero las papeletas en que su nombre va seguido de una cruz se multiplican. Tres contra dos, empate, cuatro contra cinco, dos contra tres. Va a ganar, ya no se admiten apuestas, gana, ¡ha ganado!

Veintitrés mil ochocientos cincuenta sufragios emitidos. John Smith, diez mil seiscientos sesenta votos; Sir Thomas Brown, nueve mil cuatrocientos cuarenta y cinco votos; Mrs. Jones, tres mil setecientos cuarenta y cinco votos. Como no hay más que una vuelta de escrutinio, el candidato laborista, a pesar de haber tenido tan solo una mayoría relativa, es el que triunfa.

Se forma una procesión: a la cabeza, el alcalde; luego el vencedor, después los dos vencidos. El cortejo sale al balcón del ayuntamiento, desde el que se proclaman los resultados ante la multitud que se apiña en la plaza. Smith y sus competidores desfavorecidos por la suerte pronuncian breves discursos en que dan las gracias a los funcionarios que han dirigido las operaciones del escrutinio, y a los electores que han votado.

Los asistentes entonan unos *Bandera Roja,* otros el *Rule Britannia,* mientras, en medio de los hurras, los tres competidores se estrechan la mano y el alcalde escribe, al dorso del *writ* de convocación de elecciones, que va a devolver a la Cancillería, el nombre del afortunado vencedor.

Una vez más, como lo ha hecho tantas en el curso de los tiempos, la vieja y pequeña ciudad ha elegido un diputado para «que sirva en el Parlamento»[1].

2. LOS «SERVIDORES CONFIDENCIALES DE SU MAJESTAD»

Palacio de Buckingham.

Anochece. En el seno de la bruma lechosa que baña Constitution Hill se adivina vagamente la enorme masa de piedra. Ante la pesada verja, unos granaderos, apabullados por sus morriones de pelo, montan la guardia con ademanes de autómatas.

Un modesto automóvil entra en el patio, se detiene ante la escalinata. Un hombrecillo calvo se apea de él, vestido con un chaqué de no muy buen corte, tocado con un sombrero de copa de apagados reflejos. Sube rápidamente las gradas de la escalinata, en lo alto de la cual le esperan dos edecanes. Con uno de ellos a cada lado atraviesa una interminable serie de antesalas y de salones vagamente iluminados. A su paso, unos cuantos lacayos de librea roja, que descabezaban un sueño en sendos sillones, se ponen de pie.

Compás de espera. Aparece un secretario vestido con suma elegancia. Conciliábulo. Se abren de par en par las dos hojas de una puerta, que da acceso a un gabinete en cuyo fondo se adivina, tras una maciza mesa de despacho, una delgada silueta. El hombrecillo avanza, hace un profundo saludo, se inclina sobre la mano que le tienden...

El jefe del partido que los electores británicos han llevado días antes al poder, ha venido a «besar la mano del Rey», con ocasión de su nombramiento de primer ministro y primer lord de la Tesorería.

Ha conocido recientemente horas agotadoras. Apenas ha salido de su campaña electoral personal, que ha sido dura, cuando ha tenido que encararse con sus nuevos deberes de Estado.

Líder del partido vencedor en las elecciones, estaba por ello destinado a constituir el Gobierno, aun antes de que el soberano le haya confiado oficialmente esa misión.

Inmediatamente se ha aplicado a componer la lista ministerial. Ingrata labor. Indudablemente, ciertos nombres deberían figurar obligatoriamente en esa lista: los de los miembros del partido que ya en el curso de la legislatura precedente tomaban asiento en el «primer banco de la oposición». Sin embargo, tres de ellos no han sido reelegidos: ha habido que olvidar a dos y proponer al tercero la dignidad de par, que, haciéndole ocupar un escaño en la Cámara de los lores, le permitirá no renunciar a la vida política. Luego, cuando han sido provistos los ministrables inevitables, ha habido que hacer una selección entre las múltiples candidaturas, cada una de ellas apoyada, bien por servicios pasados, sea por el mérito, bien por poderosos padrinazgos.

[1] En las elecciones de 1945, como se recordará, se aplazó el recuento de votos para dar tiempo a que llegasen todas las papeletas electorales de los militares que servían lejos de la metrópoli. El escrutinio tuvo lugar el 5 de julio. Luego las urnas fueron selladas y depositadas en sendas cajas de bancas. No fueron abiertas y recontados los votos hasta el 26 de julio.

Las costumbres británicas, afortunadamente, dan a un nuevo jefe de Gobierno, en casos tales, modo de hacer felices a muchos. El Gabinete propiamente dicho comprende normalmente de dieciocho a veintidós miembros, pero el ministerio entero cuenta más de ochenta.

Si las inclusiones en el ministerio son delicadas, las exclusiones del Gabinete aún lo son más. El que ambicionaba un sillón se aviene difícilmente a tener que contentarse con un asiento supletorio. Entre los mismos favorecidos hay grandes competencias,- y el político curtido que, después de haberse pasado años enteros en la oposición, creía tener segura por lo menos una Secretaría de Estado, se siente ofendido al ver que le ofrecen la guarda de un Sello privado que ya no sella nada, o la irrisoria cancillería del ducado de Lancaster.

Por suerte, el espíritu de equipo *y* el de camaradería pueden mucho en la Gran Bretaña. Si uno es conservador, probablemente ha estudiado en Eton, en Oxford o en Cambridge, al mismo tiempo que varios de sus nuevos colegas; si es laborista, ha militado en el seno de los mismos sindicatos o de las mismas asociaciones. Los recuerdos comunes han amortiguado los choques. Han intervenido mujeres, hermanas de los unos y esposas de los otros; en resumen, el nuevo jefe del Gobierno está hoy en condiciones de presentar una lista sobre poco más o menos completa a la aprobación del rey.

Esa lista, la Augusta Persona la lee con cuidado, pero solo hace pocas observaciones. A lo sumo sugiere que lord Black estaría acaso más indicado que lord White para las funciones de Capitán de la Guardia, y que Mr. Green, diputado, sería un vicechambelán más decorativo que Mr. Buff, igualmente diputado. El hombrecillo del chaqué replica respetuosamente, cede en lo que toca a lord White, pero conserva a Mr. Buff.

Asentimiento. Nueva reverencia hasta el suelo. Salida a reculones. El soberano de la Gran Bretaña tiene desde ahora nuevos «servidores confidenciales» en cuya selección no le cabe parte alguna.

Desde la mañana siguiente ha de dar sanción oficial a esa elección. Lo hace en formas que varían según las carteras: da personalmente su investidura al lord Canciller, entregándole el Gran Sello, y a los siete secretarios de Estado, depositando en sus manos los sellos de sus respectivos departamentos; aprueba las cartas patentes que nombran a los lores de la Tesorería, a los del Almirantazgo, al gran maestre de Postas y al canciller del ducado de Lancaster; firma los *warrants* que designan a los ministros de Sanidad, de Trabajo, de Transportes, a los de Información, Higiene, Agricultura y Obras Públicas; declara en Consejo privado el nombre del presidente de este venerable cuerpo, asi como el del presidente del *Board of Trade;* para otros llena otras formalidades. Da a besar su mano a todos los titulares de empleos importantes, y aquéllos que todavía no eran consejeros privados prestan en presencia suya el «juramento de secreto».

Mientras se desarrollan estos ritos en el Palacio de Buckingham, el nuevo primer ministro toma posesión de su residencia oficial, que acaba de abandonar su predecesor.

El número 10 de Downing Street. Una fachada completamente lisa, de ladrillos ennegrecidos por el hollín, con ventanas sin postigos, una puertecita de una sola hoja, adornada con una aldaba de cobre y rematada por un farol de hierro forjado. Nada de patio de honor, ni de escalinata. Ningún centinela; un simple *policeman*. Nada más sencillo, más puritano que esta casa sin estilo, que aplastan las vecinas masas del Foreign Office y de la Tesorería. Aquí es, sin embargo, donde late el corazón del Imperio.

Pero, en esto, un séquito de automóviles entra en la estrecha calle; los coches van deteniéndose sucesivamente delante de la puertecita. Unos señores de diversa edad y de aspecto diferente bajan de los coches, y también una dama. Todos llevan en la mano el maletín a que tanto apego tienen en Inglaterra los hombres de oficinas. Son los miembros del nuevo Gabinete, que vienen a celebrar su primera reunión.

Un mayordomo correcto —frac negro y pantalón gris— les ha abierto. Entran en una antesala toda de caoba oscura y pintura clara, sin un dorado, adornada con grabados que representan escenas de caza. Se creería uno en la morada de algún burgués opulento si, debajo de las perchas para colgar los sombreros, no se leyesen, escritos en pequeños rótulos, vocablos prestigiosos: «*The lord Chancellor — The lord President — The Chancellor of the Exchequer — The Secretary of State for Foreign Affairs — The First Lord of the Admiralty — The President of the Board of Trade*».

Se entra en la sala del Consejo, sencilla también y sin asomos de rigidez oficial. Las paredes son blancas, decoradas con bibliotecas. En los testeros, cuatro columnas corintias sostienen el techo, poco elevado. En la chimenea hay un fuego encendido; en la repisa, un reloj de mesa, pequeño; por encima de él, un retrato de Walpole; al lado de la chimenea, un cubo de carbón. Un alto ventanal da a un jardincito. Una alfombra de moqueta oscura tapiza el entarimado. En mitad de la habitación se extiende una larga mesa, rodeada de sillas de caoba. En los ángulos hay butacones confortables, y revistas sobre los veladores.

Tras un intercambio de saludos cordiales y de bromas, los ministros han tomado asiento. Dos o tres de ellos, sin embargo, siguen en pie. Algunos han sacado sus pipas y las han encendido. El secretario del Gabinete entrega unos papeles al primer ministro.

Y el hombrecillo, que es ahora el jefe sin corona de la nación británica, comienza, con voz indistinta, la lectura de un proyecto del «gracioso discurso» que deberá pronunciar, desde lo alto del trono, el soberano coronado cuando, días después, «se encuentre con su pueblo» en Parlamento.

3. EL «GRACIOSO DISCURSO» DE LA CORONA

En Westminster, la Cámara de los lores

Altos zócalos góticos de madera, molduras doradas, vitrales. Una luz débil y difusa. ¿Estamos en el coro de una catedral? No es eso precisamente; en las gradas del fondo, en el sitio del altar, se alzan dos tronos mellizos, coronados por un dosel; a los lados, en lugar de la sillería de coro, se alinean unos bancos con respaldo, forrados de cuero rojo. En medio, una pesada mesa cubierta de libros con recias encuadernaciones y de rollos de pergamino. Entre esa tabla y los tronos, una especie de sofá, igualmente rojo. En el estero opuesto a los tronos, una barandilla de cobre. Una semipenumbra lo baña todo, aumentando la atmósfera religiosa.

Poco a poco, los bancos se pueblan de personajes que se envuelven en ropones escarlata guarnecidos de veros y de armiño, como las mucetas de los canónigos. Otros llevan largas sobrepellices blancas con mangas abullonadas y estolas negras. Otros, en fin, tienen abrumada la cabeza por enormes pelucas. Detrás de ellos, en la galería que se alza en derredor de la sala, se adivinan, a pesar de no ser más que las once de la mañana, mujeres descotadas, hombres de uniforme, diademas que centellean, bordados que rebrillan.

En el sofá punzó se sienta, en esto, una figura maciza: zamarra negra y oro, zapatos con hebillas de plata, peluca, tricornio cuya sombra enmascara un rostro. A lo largo de la mesa han ido tomando asiento otras figuras: togas negras y pelucas con bucles y coleta.

La Cámara de los lores celebra sesión solemne: los pares, tantos laicos como eclesiásticos, están en sus bancos, con los jueces del Tribunal Supremo delante y, detrás, las esposas de los propios pares y los invitados de rango. El lord Canciller, presidente de la Alta Asamblea, se sienta en el célebre «saco de lana»; el cuerpo diplomático está agrupado a la derecha de los tronos; los oficiales de la Cámara tajan sus plumas de ganso.

Todo está en su sitio. Doce *ye ornen* de la Torre, en atuendo de tiempos de Enrique VIII, han registrado, en procesión, armados de alabardas y provistos de linternas sordas, los sótanos del Palacio, para cerciorarse de que ningún nuevo Guy Fawkes ha depositado en esos lugares, como el otro en 1605, homicidas barriles de pólvora. Su Majestad británica puede entrar para abrir su nuevo Parlamento y leer, desde lo alto del trono, su «gracioso discurso».

Mientras tanto, dos o tres pares se ocupan en recorrer con los ojos, a la difusa luz, el texto del *writ* —el real rescripto— que les ha citado individualmente.

«Nos, Jorge, por la Gracia de Dios, rey del Reino Unido y de los Dominios británicos de ultramar, Defensor de la Fe, a Nuestro amado y fiel consejero, salud. . . Atendiendo a haber sido ordenado por Nos que se reúna un Parlamento en Nuestra Ciudad de Westminter para tratar de ciertos asuntos urgentes y difíciles, concernientes al Estado y a la Iglesia Os ordenamos expresamente, por la fe y el homenaje que os ligan a Nos, que os halléis personalmente presente en el referido lugar para conferenciar en él con Nos y con los Prelados, grandes hombres y pares del Reino a propósito de los susodichos asuntos...».

Se ve a un lord que, al leer esta fraseología arcaica, sonríe. Pero otro, de creación recentísima y que ha hecho su fortuna con la cerveza, se pone arrebolado y se da tono, visiblemente lisonjeado...

Un murmullo; el fondo de la sala se ilumina vivamente; entran guardas, heraldos de armas, chambelanes que se plantan en las gradas. Todos los asistentes se levantan: aquí está el soberano con uniforme de almirante, cubiertos los hombros por un manto de terciopelo púrpura forrado de armiño, cruzado el pecho por el cordón azul de la Jarretera; da la mano a la reina, y los dos, después de haberse inclinado ante la Asamblea, se sientan en los tronos. Detrás de ellos, un dignatario tiene en alto la espada del Estado, otros cuatro llevan en sendos cojines la corona real, la *cap of maintenance,* el cetro y la esfera.

El rey declara: «Milores, sentaos», luego hace una seña. El gran chambelán, al que se distingue por su larga varita blanca, se inclina hacia un personaje menor, el «hidalgo ujier de la pértiga negra» y le invita, en nombre de Su Majestad, a ir a buscar a los «fieles Comunes».

El interpelado desaparece del otro lado del barandal; en el silencio, se oye una puerta que bate; es la de la sala de los Comunes, con la que se le da tradicionalmente en las narices al mensajero real, porque los diputados son los amos en su casa. Tres golpes espaciados resuenan luego: es el mensajero llamando a la puerta, que no le abrirán hasta el tercer golpe. Tres minutos de espera; el «hidalgo ujier» vuelve precediendo a una procesión: a la cabeza, el presidente —el *Speaker*— de los Comunes, de toga negra y con peluca gris; luego, en la misma fila, el primer ministro y el jefe de la oposición, y después, siempre de dos en dos —un miembro de la mayoría y otro de la oposición—, todos los diputados que pueden encontrar modo de apiñarse entre el espacio comprendido entre la barandilla —la barra de los lores— y el fondo de la sala.

De rodillas, el lord Canciller entrega un rollo de papel al soberano. Éste empieza a leer: «Milores y miembros de la Cámara de los Comunes...». Siguen una referencia a la situación exterior, una alusión al estado de las fuerzas navales y militares, a las condiciones económicas y sociales. Se oye: «mi Gobierno... mis relaciones con las potencias extranjeras... mi marina... mi ejército... mis pueblos...».

Una pausa: «Miembros de la Cámara de los Comunes...», *y* aquí una mención de las medidas financieras planeadas, medidas que solo conciernen a la Asamblea popular.

El rey continúa: «Milores y miembros de la Cámara de los Comunes...» Unas cuantas frases más, que traen consigo una breve enumeración de los proyectos de ley que el Gobierno cuenta hacer votar en el curso de la legislatura. Por último, un llamamiento a la bendición del Todopoderoso. La ceremonia, que ha durado menos de media hora, ha terminado. El Parlamento puede ponerse a trabajar.

Los soberanos se levantan; ellos y su séquito se vuelven a las carrozas que, entre la doble fila de un público respetuoso, les han traído del palacio de Buckingham a Westminster; las señoras de los pares y los diplomáticos tornan a sus coches; los lores se van a quitarse las togas. Los «fieles Comunes» regresan a su salón de sesiones.

Pero todavía se celebra en éste otro rito: la monarquía acaba de manifestarse en su pompa histórica; hay que afirmar frente a ella los privilegios del pueblo. Apenas ha vuelto a su sitial, y antes de poner a deliberación el «humilde mensaje» en respuesta al «gracioso discurso», el *Speaker* hace dar lectura a un proyecto de ley que nunca más volverá a tratarse en el curso de la legislatura[1]. Pero esta lectura tiene por objeto recordar el derecho que asiste a los Comunes, de discutir otras cuestiones que las que le han sido indicadas en el discurso de la Corona.

Desde hace muchos siglos, y a pesar de los trastornos de la vida política, ese ceremonial despliega cada año sus fastuosidades. Durante la guerra de 1939-1945 ha sido menester, a decir verdad, simplificarlo. La bomba que el 10 de mayo de 1941 destruyó la sala de los Comunes y obligó a los diputados a celebrar sus sesiones en la sala de los lores, ha modificado la decoración de la ceremonia. Las carrozas reales han sido sustituidas provisionalmente por automóviles, los uniformes bor-

[1] Es el mismo texto que sirve para esta formalidad desde 1852.

dados por uniformes kaki; los pares se han dejado en el guardarropas las togas escarlata, sus damas no han vuelto a ponerse sus diademas. Pero lo esencial ha perdurado, y, con el retorno de la paz, toda va a tender a entrar de nuevo en el orden acostumbrado.

Ya el 15 de agosto de 1945, día de la apertura del Parlamento de mayoría laborista, día también del final victorioso de las hostilidades contra el Japón, la sesión regia volvió a celebrarse en el marco tradicional. Los trajes eran todavía sencillos y la púrpura estaba ausente aún, pero no se omitió ningún rito; los tronos se iluminaron al entrar los soberanos, la espada del Estado fue mantenida en alto, la corona y la *cap of maintenance* fueron llevadas en sendos cojines de terciopelo, el ujier de la pértiga negra estuvo a buscar a los «fieles Comunes», el canciller laborista, lord Jowitt, de toga y peluca, se arrodilló ante Jorge VI para tenderle el texto del «gracioso discurso», y, con todo el respeto conveniente, Mr. Clement Attlee, primer ministro, llevando a su lado a Winston Churchill, jefe de la oposición, oyó al soberano leer la exposición del programa gubernamental e impetrar, para unos trabajos legislativos que acaso den al traste con la estructura de la sociedad inglesa, las bendiciones de Dios Todopoderoso.

4. UNA SESIÓN DE LOS COMUNES[1]

Un rectángulo, varias filas de banquetas unas enfrente de otras, y una galería detrás de las banquetas, como en la sala de los lores. Pero, en lugar de cuero rojo, cuero verde oscuro, y nada de dorados. Ningún trono al fondo, sino un sillón levantando sobre dos gradas y coronado por un dosel —la «cátedra» del *Speaker.* A cada lado de la «cátedra» se abren dos estrechos pasillos de escape; adelante se extiende la mesa de los *eleves,* en la que descansan con carácter permanente dos grandes cajas de bronce y, cuando se halla presente el *Speaker,* la «Maza» simbólica. En el otro extremo, la «barra» de cobre y el pequeño *box* reservado al *sergeant-at-arms,* guardián del orden.

El conjunto da una impresión digna, respetable y de cierta estrechez. De hecho, de los 640 diputados a los Comunes, apenas 400 a la vez pueden tener sitio, apretándose, en las banquetas. Pero es muy raro que se hallen presentes más de 400 miembros juntos, y la acústica gana lo que la comodidad sale perdiendo.

Son las 2 y 1/2 instante de la apertura de las sesiones (los cuatro primeros días de la semana; el viernes, a las 11). La «barra» está abierta para dejar paso a la «procesión» del *Speaker:* el «mensajero» de calzón corto y chorrera de encajes, el *sergeant-at-arms* que lleva al hombro la Maza dorada, el propio *Speaker,* encintado y empelucado, su portacola y su capellán. El cortejo remonta el pasillo central, el *Speaker* ocupa la cátedra.

Pocos miembros están todavía presentes. Solo aquellos que han querido asegurarse un puesto, porque éstos no se guardan.

---

(1) Una bomba, como acabamos de decir, demolió, en mayo de 1941, el salón de sesiones de los Comunes. Pero como se está reconstruyendo éste con arreglo a un plan casi idéntico (incluso su exigüidad en relación con el número de diputados), podemos describirlo tal y como era antes del bombardeo. Hay que recordar, sin embargo, que, durante la mayor parte de la guerra, los Comunes se han reunido en la sala de los lores, siendo éstos relegados a la sala llamada «galería real».

El capellán lee el salmo 67, que todos escuchan de pie. Luego, en virtud de una tradición cuyo origen no está nada claro, los diputados dan media vuelta y miran a la pared mientras el capellán recita tres breves oraciones más.

Entonces se deja la Maza encima de la mesa, con lo que comienza la sesión. La galería está abierta al público y a la prensa, los diputados afluyen hacia las banquetas, dirigiendo cada uno de ellos, al cruzar el pasillo central, un profundo saludo al *Speaker*[1]. No hay, acabamos de decirlo, plazas señaladas; con todo, los miembros de la mayoría se sientan, en principio, en los bancos de la derecha, y los de la oposición en los bancos de la izquierda de la «cátedra». Además, se respetan dos banquetas: una, la primera inmediatamente a la derecha, o *banco de la Tesorería,* reservado a los «servidores confidenciales de Su Majestad», es decir, a los miembros del Gabinete; la otra, la primera inmediatamente a la izquierda, o *Front opposition bench,* reservada a los jefes de la oposición.

Es una sesión ordinaria; nada sensacional se espera en ella. *Banco de la Tesorería* y *Front opposition bench* están solo escasamente concurridos. Muchos miembros leen o charlan en voz baja (no pueden escribir, porque no disponen de pupitre). Dos o tres de ellos tienen calado el sombrero. Un ministro ha estirado las piernas y ha puesto los pies sobre la mesa de los *clercs* u oficiales parlamentarios. Todo el mundo va de chaqueta. Los ojales de algunas solapas se adornan con una flor. Varios *gentlemen* impecablemente trajeados, pero también muchas caras arremolachadas, de capataz. La atmósfera, sin embargo, se mantiene tranquila y en buena armonía. Diríase la de un club en el que reinase cierta mezcolanza.

Se pasan diez minutos, bastante oscuramente, en leer títulos de proyectos de interés local y en remitirlos a las comisiones. A las 3 en punto empiezan las «preguntas».

Un diputado se levanta y lee la «pregunta» que ha sometido obligatoriamente, de antemano y por escrito, al ministro interesado. Éste o su subsecretario toman la palabra y replican parcamente. Luego les toca la vez a otro diputado y a otro ministro. Por espacio de tres cuartos de hora, «interrogadores» y miembros del Gobierno se levantan y vuelven a sentarse alternativamente, semejantes a fantoches. Preguntas y respuestas son igualmente breves. El interrogador se limita a hacer referencia a un número de la lista impresa con las cuestiones del día. A veces, el ministro se contenta con murmurar: «La respuesta es afirmativa», o: Es negativa». A las 4 menos 1/4 cesa el tiroteo.

Pero en esto, un hombrecito, con el *sergeant-at-arms* al lado, remonta lentamente el pasillo central. Profundo saludo al *Speaker.* Un oficial de la mesa le tiende una Biblia. El hombrecito posa en ella su diestra y recita: «Juro, por Dios Todopoderoso, fidelidad *y* asistencia a Su Majestad el rey Jorge, a sus herederos y sucesores. ¡Así Dios me ayude!». Después de haber firmado en un registro y dado la mano al *Speaker,* se va a un asiento libre. Es un nuevo diputado, elegido en una elección parcial, que viene a ocupar su escaño con arreglo a las formas tradicionales.

---

(1) O más bien al crucifijo que antaño se encontraba detrás y por encima de la «cátedra», pero que se ha quitado desde el siglo XVI. El mismo *Speaker,* cuando deja su puesto, hace su reverencia a ese crucifijo desaparecido desde hace cuatrocientos años.

Algunas formalidades más: la presentación de una moción, la de una petición; los debates propiamente dichos, van a empezar, y el *Speaker* invita al *clerc* principal, u oficial mayor, a que lea el orden del día. Éste contiene hoy la discusión en segunda lectura de un proyecto de ley de iniciativa gubernamental.

El ministro que es responsable de él se levanta. No sube a la tribuna, puesto que no la hay, pero tiene la ventaja —de que no disponen los simples diputados— de poder poner sus notas sobre la «caja de bronce» posada en la mesa de los *clercs*, dispuesta a su vez justamente delante del banco de la Tesorería.

El proyecto no es «excitante». El ministro, con las manos en los bolsillos, resume sus disposiciones en voz bastante baja y más bien monótona. Como es de rigor en los Comunes, no se dirige a la Asamblea, sino al presidente, y se oyen repetirse periódicamente las palabras «*Mr. Speaker, si...*». Continúa el mosconeo. Piensa uno en el marqués de Hartington, que fue, mucho tiempo, el líder de los Comunes y que contaba: «Un día soñaba yo que estaba pronunciando un discurso en la Cámara. Despierto ¡y, *by Jove,* me encuentro con que efectivamente estaba pronunciando un discurso!».

El ministro se detiene por fin. Nadie aplaude —no se aplaude nunca en los Comunes—, pero en los bancos de la mayoría se dejan oír discretos *Hear! Hear!*[1].

Ahora tiene la palabra un miembro de la oposición. Tiene la voz fuerte y zumbón el acento. Sus críticas al proyecto son acerbas, lo mismo que las que dirige al ministro cuya es la iniciativa. No le llama por su nombre —lo que sería una imperdonable falta a la etiqueta parlamentaria—, ni lo destina de otro modo que como el «honorabilísimo gentleman»[2], pero da a entender claramente que el «honorabilísimo gentleman» es un hombre mediocre y, por añadidura, que acaso no sea un gentleman muy honorable.

La atmósfera se caldea. Se escapan algunas risas. Crúzanse pullas y tal cual invectiva. Varios miembros están de pie, manoteando casi. El *Speaker* no dispone de campanilla, ni siquiera de un cortapapeles. ¿Qué va a hacer? Se levanta, solamente, y murmura con voz opaca: «*Order, order*». Todos se sientan, se callan: la calma se ha restablecido[3].

El diputado de la oposición ha terminado, y el *Speaker* concede ahora la palabra a un miembro de la mayoría.

Es su primer discurso — su *maiden-speech.* Está visiblemente nervioso, sus manos buscan dónde posarse, las saca de los bolsillos, vuelve a meterlas en ellos, balbucea a ratos. Sus compañeros le escuchan con la benevolencia tradicional en

(1) «¡Escuchen, estuchen!».

(2) «Honorabilísimo» — «Muy Honorable» —, por ser éste el título de los consejeros privados, y todos los miembros del Gabinete lo son. Si se tratara de un simple diputado, se diría: «el honorable miembro». Si ese diputado fuese asimismo abogado o profesor, sería «el honorable y sabio miembro», y, en caso de ser un ex-oficial del ejército, «el honorable y valeroso miembro».

(3) En casos extremadamente graves y prodigiosamente raros, el *Speaker* utiliza un arma terrible contra un diputado promotor de alboroto. Ese arma consiste en *llamar al culpable por su nombre.* Ello equivale a una expulsión de la Cámara. Un día le preguntaban a un *Speaker* qué ocurriría si el diputado llamado en esa forma no obedeciese: «Nunca he pensado en ello —fue la respuesta—, pero sin duda el techo de Westminster se nos caería encima».

casos tales, y en las dos alas de la Cámara resuenan *Hear! Hear!* alentadores. Pero en esto se le oye pronunciar en mitad de una frase las palabras: «Cámara de los lores»... . Inmediatamente se dejan oír murmullos de reprobación. El joven es decididamente demasiado inexperto. Ha olvidado que el uso, en la Cámara de los Comunes, exige que no se mencione nunca explícitamente la de los lores. Hay que decir: «En otro lugar. El novicio se da cuenta de su torpeza demasiado tarde, se ruboriza, corta bruscamente su discurso, y se sienta en medio de un silencio penoso.

Un segundo adversario del proyecto le sucede, en medio de la falta de atención general. La hora del almuerzo se acerca, y, poco a poco, la mayor parte de los diputados, tras un gran saludo a la cátedra presidencial, se van hacia el restaurante. El orador apenas ya habla para algo más que las banquetas. Pero, a una seña del *Speaker,* se interrumpe bruscamente: es que ha dado la hora, prevista de antemano por el procedimiento llamado de la «guillotina», en que, por más vuelos que la discusión haya tomado, ese menester pasar a la votación. Se trata de saber si, como pide el Gobierno, el proyecto ha de ser remitido a una «Comisión de la Cámara entera», o si, como la oposición desea, ha de continuar el debate en sesión plenaria.

El *Speaker* plantea la cuestión. En los bancos de la mayoría, los raros diputados presentes gritan: *«Aye!»;* a lo que, inmediatamente después, hace eco el grito de: *«No!»,* que sale de los bancos de la oposición. Pero la asistencia es demasiado escasa para que esta votación verbal parezca decisiva. Hay que proceder a un escrutinio debidamente anotado, a una «división».

Nueva seña del *Speaker.* Resuena un timbre eléctrico que repercute en todas las salas, en todos los pasillos del recinto legislativo. Se oye a los ujieres gritar por todas partes: «¡División! ¡División!» Inmediatamente se ve a los diputados arrancados a su almuerzo, a su correspondencia o a sus conversaciones en los pasillos, precipitarse corriendo al salón de sesiones, del que vuelven a salir a los angostos pasillos dispuestos a derecha e izquierda de la catedral presidencial. Los que van a la derecha están *en pro* de la medida propuesta, los que pasan a la izquierda están *en contra.* En cada pasillo, dos diputados —uno de la mayoría, otro por la oposición— designados por el *Speaker,* hacen el recuento de sus colegas según éstos van desfilando. Los cuatro escrutadores van entonces ante la cátedra, y uno de ellos, tras una profunda reverencia, anuncia el resultado del escrutinio. Éste no ha durado arriba de un cuarto de hora. Es, por supuesto, el Gobierno quien ha salido triunfante.

Pero en esto se produce cierto barullo: los diputados que se habían ido a terminar su almuerzo lo interrumpen de nuevo y vuelven a teda prisa; todos los puestos que aún están libres se llenan como por encanto, muchos legisladores que no encuentran dónde sentarse se apiñan, de pie, contra los zócalos de madera. Las miradas se vuelven hacia un recién llegado que acaba de tomar asiento en el banco de la Tesorería. Se reconoce al primer ministro, que no había aparecido aún en todo el día. Ya se ha difundido el rumor de que tiene que hacer una comunicación de importancia a la Cámara.

Se levanta, en efecto, y pide su venia al *Speaker* para interrumpir el orden del día. Luego, después de haber posado unas hojas sobre la «caja de bronce» que está delante de él, empieza a hablar, con una mano en la solapa de la chaqueta, la otra delante de la nariz. Habla sin énfasis, sin ademanes, empuñando unas gafas que se pone de cuando en cuando. Lo que anuncia, sin embargo, es muy serio, todas las miradas están clavadas en él, la curiosidad tiene en un puño al auditorio. Él, sin embargo, parece insensible y continúa en tono coloquial. Cuando llega al pasaje crucial de su exposición, baja aún más la voz pronuncia la frase decisiva, con las narices hundidas casi en sus notas. Luego, tranquilamente, vuelve a sentarse.

La asamblea, ahora, está en efervescencia. A los numerosos *Hear!, Hear!, se* oponen numerosos gritos de desaprobación. El rumor de las conversaciones particulares alza su mosconeo. El *Speaker,* mientras tanto, murmura: «*Order, order*», y se restablece una calma relativa.

La comunicación del jefe del Gobierno no es de las que requieren una larga discusión. El líder de la oposición se limita, en pocas palabras, a tomar nota de ella. ¿Se va a reanudar ahora con la continuación del orden del día? No, hoy no. Porque acaba de dar la media de las nueve, y es el momento en que está previsto que se levante la sesión[1].

El líder de la mayoría propone «que se aplace hasta mañana la reunión de la Cámara». Pero, inmediatamente, un diputado que no ha quedado satisfecho de la respuesta dada a una pregunta planteada anteriormente, toma la palabra «sobre el aplazamiento» y pide aclaraciones precisas. Habla por espacio de quince minutos, y el ministro interesado le responde en doce.

Ahora son ya cerca de las diez. El *Speaker* desciende de su cátedra, la saluda, y luego, precedido del *sergeant-at-arms* y seguido del portacolas, sale procesionalmente, como había entrado. Ministros y diputados se van también, discutiendo de los acontecimientos del día.

Mientras tanto, el ujier mayor, al lado de la cátedra ahora vacía, grita con voz fuerte: «¿Quién se vuelve a su casa?». Y haciendo eco, proferido por todos los ujieres y por los *policemen* de servicio en salas y pasillos, el mismo grito resuena: «¿Quién se vuelve a su casa? ¿Quién se vuelve a su casa?».

La pregunta queda sin respuesta. Es que desde hace dos siglos ha dejados de tener objeto. Pero antaño, cuando las calles de Londres eran oscuras y poco de fiar y Westminster se encontraba en los arrabales, se necesitaban destacamentos de alabarderos para escoltar y proteger a los grupos de diputados que volvían a su domicilio. Entonces se daba el grito de «¿Quién se vuelve a su casa?» para acelerar la formación de los grupos.

Todavía se sigue dando. Verdad es que, durante los sombríos años de la guerra, cuando el *black out* solo se veía rasgado por el haz de los reflectores y, a veces, por el surco luminoso de una bomba o por el resplandor de un incendio, cuando no había manera de encontrar un taxi, gran número de diputados hallaban sin duda tranquilizador reunirse en grupo para tomar a sus penates. Y, a falta de alabarderos, ocurría que benévolos *policemen* acompañasen, para evitarles los tropezones en los escombros, a los legisladores «que volvían a sus casas».

5. «¡LE ROY LE VEULT!»

De nuevo la Cámara de los lores

Desde el día en que el rey ha venido a leer aquí, con gran boato y desde lo alto del trono, su «gracioso discurso», poniendo así en marcha la máquina parlamentaria, han transcurrido varios meses.

---

[1] Antes de la guerra, las sesiones continuaban normalmente hasta las 11 y 1/2 de la noche, y a veces hasta más tarde.

La máquina ha funcionado. Funcionamiento majestuoso y lento, de múltiples escapes, que se ha acelerado, en caso de necesidad, en favor de los proyectos de ley —*bills*— de iniciativa gubernamental, pero que se ha retardado hasta el corte completo, en cuanto se ha tratado de *bilis* de iniciativa parlamentaria.

Una vez definitivamente votados por los Comunes, los textos han sido enviados a los lores. Éstos —o la sesentena de ellos que acuden regularmente a las sesiones— han hecho un estudio concienzudo, pero un tanto académico, de esos textos. Saben que, desde 1911, un *bill* ordinario que hubiera sido rechazado por ellos en el curso de tres legislaturas consecutivas y que hubiese vuelto a serles presentado tres veces por la Cámara baja, adquiriría fuerza de ley sin su sanción. Saben también que, desde la misma época, no tienen derecho ni a conservar más de un mes un *bill de* carácter financiero, ni a introducir en él enmiendas. De cuando en cuando, sin embargo, se les ocurre sugerir enmiendas a *bilis* corrientes, e incluso se da el caso de que la otra Asamblea escuche sus sugerencias. Pero están bien lejos los tiempos en que la Cámara alta era la más importante de las dos, y en que la de los Comunes apenas estaba llena más que de hijos o paniaguados de lores.

Sin embargo, como un recuerdo de tiempos idos para no volver, es todavía en el recinto de los pares donde se desarrolla la ceremonia del «asentimiento real», asentimiento que jamás ha sido denegado desde 1707, pero que sigue siendo una forma esencial sin la que un *bill* votado por el Parlamento no podría entrar en el *Statute Book,* convertirse en ley del Estado.

Sentado en el «saco de lana», el lord Canciller, presidente de la Alta Asamblea, hace saber a ésta que «Su Majestad se ha dignado nombrar comisarios encargados de dar, en su nombre, su asentimiento a varios *bills* votados por las dos Cámaras».

Inmediatamente, cuatro lores se levantan y salen. Estaban de chaqueta, pero un momento después vuelven a parecer vestidos con togas escarlata y tocados con bicornios. Son los comisarios reales. Se sientan en unos sillones que se ha instalado entre el «saco de lana» y el trono. El lord Canciller se pone en medio de ellos y ordena al «hidalgo ujier de la pértiga negra» que vaya a buscar a los fieles Comunes.

El ceremonial usado con ocasión del discurso de la Corona torna a desplegarse. El «hidalgo ujier» vuelve seguido del *Speaker* y, de dos en dos, por aquellos miembros de los Comunes que han tenido a bien molestarse en venir a apiñarse detrás de la barra de los lores.

El lord Canciller hace dar entonces lectura a las Cartas patentes, selladas con el Gran Sello, por las que se ha constituido la Comisión real, y luego anuncia que va a darse asentimiento a los *bills* cuya lista va aneja a las Cartas.

Frente a frente, de un lado y de otro de la larga mesa puesta delante del «saco de lana», hay dos funcionarios de pie, con togas negras y pelucas grises. Uno de ellos es el «clerc —u oficial— de la Corona», el otro el de los Parlamentos, entrambos titulares de oficios de gran dignidad y antigüedad.

El primero lee el título del primero de los *bills* sometidos al asentimiento. Inmediatamente después, el segundo responde con voz fuerte, en francés antiguo: «*Le roy le veult!*[1].

(1) «El rey lo quiere», «El rey consiente».

El dúo prosigue. En los títulos sucesivamente leídos figuran a veces vocablos singularmente modernos: «Electrificación... seguros sociales... aeropuertos... radiotelegrafía...». Pero cada vez resuena la arcaica fórmula: «*Le roy le veult!*». Entre las dos voces, entre los dos lados de la mesa, se extienden seis o siete siglos.

Pero cátate que el título que acaba de leer el oficial de la Corona es el de un *bill* en que se autoriza la percepción de impuestos. Entonces cambia la fórmula del asentimiento, y el oficial de los Parlamentos salmodia, siempre en francés medieval: «*Le roy remercie ses bon sujets, accepte lew bénévolence et ainsi le veult!*»[1].

Queda un último *bill,* de interés local y que viene a dar satisfacción a la demanda de una corporación urbana. Se lee su título. «*Soit fait comme il est désiré*» [(2)], canturrea el oficial de los Parlamentos.

Se acabó. Los oficiales se sientan. El *Speaker y* los diputados se vuelven a su salón de sesiones. Los lores comisarios van a quitarse las togas.

Ahora, los *bills,* convertidos en *statutes,* van a ser recopiados en dos cuadernos de pergamino, uno de los cuales será depositado en el *Public Record Office,* y el otro en la Torre de Londres. Encabezándolos se inscribirá el antiguo preámbulo: «Por la Excelentísima Majestad del Rey, por y con el parecer y consentimiento, así de los lores eclesiásticos y seglares como de los Comunes, reunidos en el presente Parlamento, se dicta lo siguiente...».

Así, después de haber sido concebida en la sencillez de las reuniones del Gabinete, después de haber sido anunciada desde lo alto del trono en medio de un fausto arcaico, luego de haber sido discutida y adoptada por los elegidos del pueblo con arreglo a un procedimiento en parte varias veces secular, una legislación revolucionaria acaso, y desde luego modernísima, pasa a ser definitiva por la virtud de un formulario que se remonta a los Plantagenet.

---

(2) «El rey da las gracias a sus buenos súbditos, acepta su benevolencia, y consiente en ello».

(1) «Hágase como se pide».

CAPÍTULO VII

GENIO DEL PARLAMENTARISMO INGLÉS

Parlamentarismo y democracia

El régimen parlamentario constituye la admirable aportación de Inglaterra a la ciencia política. No se ha imaginado ningún otro que garantice tan seguramente la libertad.

¿Asegura tan cabalmente la participación auténtica de las masas en la dirección de los asuntos públicos? En otros términos, ¿es esencialmente democrático?

A esta pregunta hay que responder: históricamente, *no*; hoy en día, y tal como se practica el sistema en su país de origen, *sí*.

No cabe negar que el parlamentarismo es aristocrático, o más bien feudal en sus orígenes, ni que haya seguido siéndolo largo tiempo. Incluso puede sostenerse que el parlamentarismo clásico, tal como se practicaba en Inglaterra hasta fines del siglo XIX, aproximadamente, presentaba un mecanismo demasiado delicado para que pudiera ser manejado fácilmente por las masas.

Una vez reconocido esto, queda en pie que la Gran Bretaña contemporánea es el país del mundo (con Suiza y los Estados escandinavos, acaso) en que el conjunto de la nación actúa con más continuidad y eficacia sobre el Gobierno. Esta democratización se ha pagado, sin duda, a costa de algunas alteraciones aportadas, en un sentido simplificador, a las viejas reglas del juego. Por otra parte, no hubiera sido posible sin la educación política, muy avanzada, del pueblo inglés. No por eso deja de constituir un hecho.

Se oye a veces, en nuestros días, oponer la democracia *de masa,* que sería la democracia del porvenir, a la democracia *liberal,* que sería inauténtica y «pasatista». Afirmación enteramente gratuita y cuyo verdadero objeto es encubrir con una etiqueta democrática una mercancía totalitaria.

«La democracia es el gobierno *del* pueblo *por* el pueblo y *para* el pueblo». El régimen que responde a la definición de Lincoln —y no hay otra más exacta— ¿es aquél en que todos los ciudadanos, salvo algunos privilegiados, tienen como único derecho el de obedecer ciegamente, en acción y en intención, las órdenes, ya de un jefe, ya del grupito dirigente de un partido? ¿O bien es aquel en que cada uno de esos ciudadanos puede en cada instante no solo expresar libremente su opinión, sino, además, aplicarse abiertamente y por vías legales a hacerla prevalecer? Para todo hombre de buena fe, la respuesta no es dudosa.

El parlamentarismo, régimen de equilibrio

Constatémoslo: el parlamentarismo británico, que no es democrático por esencia, se ha adaptado, admirablemente, con la ductilidad de su genio, a la democracia, cuya mejor expresión constituye hoy, tanto como su mejor salvaguardia. Réstanos tratar de analizar los elementos de ese genio.

Lo mismo que no es necesariamente democrático, el parlamentarismo no es tampoco necesariamente —en el curso de las precedentes páginas se ha visto— un régimen de separación de poderes: es ante todo un régimen de equilibrio, de discusión y de transacción.

En el curso de una larga historia, el equilibrio ha ido instituyéndose poco a poco, primero entre el monarca y los representantes de los contribuyentes, luego entre la mayoría y la minoría de esos representantes, finalmente entre estos últimos y un Gabinete que, por medio de un partido o de una coalición de partidos, es él mismo el elegido indirecto de la nación.

Recordemos los grandes rasgos de esa historia:

El *Magnum Concilium* feudal de los reyes normandos se ha transformado en Parlamento por la agregación de los representantes de los condados y de las villas, convocados porque el soberano tenía necesidad de la ayuda financiera de sus ponderdantese.

Ese Parlamento se ha escindido, en el siglo XIV, en dos Cámaras, una de las cuales, la Cámara de los lores, continuaba el antiguo *Concilium Magnum;* la otra, la Cámara de los Comunes, por ser electiva y representar a la gran mayoría de los contribuyentes, cobró creciente importancia.

A medida que las rentas del dominio de la Corona iban revelándose cada vez menos suficientes para cubrir los gastos públicos, el Parlamento, que tenía los cordones de la bolsa, pudo hacer oír su voz con más autoridad. Sin permitirse, al principio, más que dirigir al soberano humildes súplicas, llegó, más tarde, a adquirir el poder legislativo y a no consentir siquiera que el monarca lo compartiese con él.

La idea de ser asociado al Gobierno propiamente dicho no ancló en él sino lentamente. No rehuyó, sin embargo, entrar en conflicto violento con una realeza que había hecho suya la teoría del «derecho divino». Salió vencedor de ese conflicto, más completamente de lo que hubiera deseado, incluso, y entonces vino la República cromwelliana.

Cerrado ese intermedio, volvió a plantearse la cuestión de las relaciones entre el Parlamento y el Gobierno real. La cuestión acabó por ser resuelta con el acceso al trono de monarcas de nacimiento extranjero, que dejaron las manos libres, o poco menos, a los aristócratas *whigs* a quienes debían el trono.

La realidad del poder ejecutivo pasó entonces del soberano a una pequeña junta de esos aristócratas. Uno de los miembros de ese «Gabinete» tendió a destacarse de sus colegas y a convertirse en jefe de ellos. Por otra parte, la interpretación del Gabinete y del Parlamento vino a dar en que el primero considerase que no podía seguir encargándose de los negocios públicos si cesaba de tener la confianza del segundo.

Ese «régimen veneciano» hubiera podido, a la larga, desencadenar una revuelta si frente al partido *whig* no se hubiese constituido un partido *tory* que, jacobita al principio, luego partido de la Corona, acabó, con el segundo Pitt, por ser tan independiente de aquélla como el partido *whig*. La Revolución de 1688 había puesto fin, con el triunfo del Parlamento, a la vieja rivalidad que alzaba a éste contra el monarca. El desarrollo del partido *tory* estableció, de esta vez en el interior de las Cámaras, una nueva rivalidad, engendradora de un equilibrio nuevo.

El sistema, durante los años difíciles que conoció la Gran Bretaña a principios del siglo XIX, funcionó con una eficacia de que fue buena prueba la victoria conseguida sobre Napoleón. Pero una vez ganada esa victoria, la «revolución industrial» puso de manifiesto los absurdos de un sistema electoral que databa de la Edad Media.

La reforma de 1832 vino a corregir los más irritantes de esos absurdos. Siguieron otras reformas que condujeron al sufragio universal y secreto para ambos sexos.

Así, la política fue por grados dejando de ser un juego al que jugaban unas cuantas docenas de familias, para convertirse en una lucha en la que tomó parte la nación entera. De ello se siguió que los ministerios ya no se apoyaron únicamente en la mayoría parlamentaria, sino que buscaron, allende ésta, una base en el país mismo. La práctica habitual de la disolución sustituyó la responsabilidad del Gabinete ante el Parlamento por su responsabilidad ante el cuerpo electoral.

Mientras tanto, una de las dos Cámaras, la de los lores, se veía despojada, si no de su prestigio, por lo menos de la mayor parte de sus poderes, al paso que la otra, la de los Comunes, aceptaba que el señorío de su orden del día pasara enteramente a manos del Gobierno.

En tales condiciones, hubiera podido irse a parar en la dictadura del Gabinete, y singularmente del primer ministro.

No ha sido así, por tres razones.

La primera es la existencia, por encima de los Gabinetes efímeros, de la institución monárquica, símbolo venerado a la vez de la cohesión del Imperio y de la continuidad de las tradiciones políticas.

La segunda es la fuerte organización de los grandes partidos, que canaliza las corrientes populares, impide que se desmenucen, y no permite a un hombre o a un grupo de hombres captarlas con pretexto de unirlas.

La tercera y más decisiva es el respeto religioso que los ingleses guardan, sin distinción casi de partido, para las que pueden llamarse libertades esenciales: libertad de palabra, libertad de publicación, libertad de asociación. Incluso si la mayoría del Parlamento está domesticada, con una oposición operante, con una prensa verdaderamente libre y con un derecho de huelga efectivo no hay dictadura posible.

El parlamentarismo, régimen de discusión

La persistencia (salvo en caso de peligro nacional extremo) de una oposición, fuerte, respetada, que se respete a sí misma, vigilante y dispuesta siempre a asumir las responsabilidades del poder, garantiza la libertad de discusión, que es, con el equilibrio, uno de los rasgos característicos del régimen parlamentario.

Evidentemente, las posibilidades de discusión de que la oposición dispone han sido reducidas en nuestros días en el interior del Parlamento. En él subsisten, sin embargo, y sobre todo existen siempre, integrales, en los periódicos y en el seno de las reuniones en que no conocen otros límites que los que pone la legislación en lo que a la difamación se refiere.

En teoría, la cohesión de la mayoría parlamentaria y la disciplina de los partidos parece que debieran condenar esa discusión a ser estéril. En la práctica no lo es, puesto que, por encima de la mayoría, por encima de los partidos, está el cuerpo electoral, cuyos cambios de humor son siempre posibles y cuyo temor obliga a los hombres que están en el poder a tener en cuenta, por lo menos en cierta medida, los argumentos de la oposición.

El parlamentarismo, régimen de transacción

Aquí tenemos, pues, la tercera característica del parlamentarismo: es un régimen de transacción. Con ello previene las irreparables animosidades entre los partidos que se suceden en el poder, y con ello asegura su propia continuidad.

Para que haya transacción posible es menester, por supuesto, que los partidos en presencia no tengan, en lo que atañe al objeto del pacto social, puntos de vista diametralmente opuestos; se puede transigir a propósito de modalidades, pero no se puede transigir indefinidamente en los principios.

Whigs y tories y luego liberales y conservadores estaban de acuerdo en cuanto a los principios. Sus discusiones —que no por eso eran menos ásperas— se referían a puntos relativamente secundarios o que hoy parecen tales.

Entre conservadores y laboristas, parece que las componendas hayan de ser menos fáciles; los primeros tienen una concepción del Estado y sus atribuciones que es, en teoría, irreductible a la de los segundos.

Credo común de los ingleses

En rigor, sobre ese aparente abismo pueden tenderse y de hecho se tienden no pocas pasarelas. El inglés está lejos de ser de natural doctrinario, y lo que le pide a una política no es tanto que esté de acuerdo con unos principios como que sea eficaz. Y, además, conservadores y laboristas tienen en común, salvo excepciones, una triple fe: fe cívica, fe en la libertad, fe cristiana.

Fe cívica: sentimiento muy íntimo hecho de confianza en los destinos de la nación, de orgullo de pertenecer a ella y de devoción a la cosa pública (confianza que no excluye el espíritu crítico, orgullo que raramente da en jactancia, y devoción que nada tiene de ciega). De donde, en el inglés, un profundo respeto a la ley. Orgulloso de participar, como elector, en la gestión de los asuntos públicos, no considera al Estado como un adversario ni se sitúa a sí mismo como exterior al Estado. Pero, en reciprocidad, quiere que los agentes del Estado le traten como a ciudadano y no como a «sometido». El Estado está hecho por él y para él, y no él para Estado.

Fe en la libertad: subsiste punto menos que intacta, a pesar de la tendencia contemporánea a buscar una «seguridad social» que solo puede obtenerse con ayuda de cierta coerción social. Es éste un sentimiento difícilmente analizable, pero toda la atmósfera política de la Gran Bretaña se mantiene impregnada de él. Entre una existencia dura, pero libre, y unas cadenas doradas, los ingleses, si tuvieran absolutamente que elegir, optarían todavía por lo primero. Quien aspire a dirigirlos no puede lograrlo sino con su consentimiento, y ese consentimiento es siempre parcial, condicional, limitado y revocable. «Nunca serán esclavos los británicos», proclama el *Rule Britannia*: menester sería que cambiasen hasta que no hubiese modo de reconocerlos, antes que se resignasen a serlo, sea de un hombre, sea de un partido.

Fe cristiana, en fin. Nunca se subrayará bastante la importancia que ha tenido y que tiene aún este sentimiento en la vida política de la Gran Bretaña: son los obispos tanto como los barones los que encontramos en los orígenes del Parlamento; son las luchas entre católicos y protestantes, y luego entre ritualistas y no conformistas las que se hallan en el origen de las revoluciones de 1649 y de 1688; son los matices religiosos los que han dado sus primitivas coloraciones al partido *whig y* al partido *tory;* es la predicación wesleyana la que ha preparado el empuje democrático del siglo XIX; los grandes estadistas de izquierda han sido a menudo al mismo tiempo predicantes: así Gladstone, así Lloyd George, así Ramsay Mac Donald. Ninguna discusión parlamentaria ha apasionado tanto a la opinión pública como la que se abrió en 1927 en tomo al Libro de Rezos Comunes; aun hoy, las sesiones de entrambas Asambleas empiezan con oraciones, y en 1945, al conocerse la noticia de la capitulación de Alemania, y luego la del Japón, las primeras reacciones de Mrs. Churchill y Attlee fueron proponer a la Cámara de los Comunes que se trasladase en corporación a la iglesia de Santa Margarita «para dar gracias humildemente a Dios Omnipotente». Todo ello fue adoptado por unanimidad. (Se advierte, por lo demás, que el sentido religioso —que es por completo independiente de la adhesión a una confesión o a un rito determinados— es más general y sobre todo más profundo entre los laboristas que entre sus adversarios).

Si, por hipótesis, llegara a desarrollarse en la Gran Bretaña un partido que no participase en esta triple comunión, todo el juego político quedaría falseado y el funcionamiento mismo del régimen vendría a hallarse comprometido. Pero contra el peligro de semejante heterodoxia reacciona violentamente el instinto británico; prueba de ello es el poco éxito del comunismo en Inglaterra.

Eficacia del parlamentarismo británico

Este acuerdo sobre unos cuantos grandes principios, acuerdo realizado en profundidad por encima de las disensiones y de las polémicas de superficie, es lo que explica que un régimen de equilibrio, de libre discusión y de transacción haya podido triunfalmente hacer frente a los peligros más apremiantes y a las responsabilidades más abrumadoras.

Vibrante testimonio de ese éxito, del que fue el mejor artesano, aportó Winston Churchill al declarar, el 8 de mayo de 1945, en la Cámara de los Comunes:

> «Nuestro régimen parlamentario ha salvaguardado los derechos de la democracia al mostrar que ésta era capaz de proseguir victoriosamente la más larga y trabajosa de las guerras. . . Quiero dar cordialmente las gracias a todos los partidos y a todos los miembros de la Cámara, cualquiera que sea el lugar en que tengan su asiento, por la manera con que han afirmado, bajo el fuego del enemigo, la vitalidad de la institución parlamentaria. Hemos perseverado largo tiempo —y hubiéramos podido, de haber sido necesario, perseverar mucho más tiempo aún—, hemos perseverado hasta que estuvo logrado nuestro objetivo: la rendición sin restricciones ni condiciones del enemigo...».

Un sistema político que asegura la libertad de los ciudadanos y que, al mismo tiempo, se ha revelado como más fuerte que el sistema napoleónico y que el sistema hitlerista, impone admiración; parece muy cerca de haber conciliado lo que fuera de él aparece harto a menudo como inconciliable: los derechos del individuo y las necesidades de la colectividad.

Porvenir del sistema

Pero este sistema es inseparable de su larga historia, lo mismo que del medio en que se ha desarrollado y se desarrolla todavía: cuando se ha tratado de trasplantarlo, los resultados no siempre han respondido a lo que se esperaba. Satisfactorios en los países en que el ambiente es análogo al ambiente británico (Dominios, Países escandinavos, Países Bajos), en otros sitios han resultado, o bien desiguales, o bien medianos, o francamente malos.

Conocida es la respuesta de aquel jardinero de Oxford al norteamericano que le preguntaba el secreto de sus céspedes: «No tiene Ud. más que labrar, sembrar, y luego pasar el rodillo durante trescientos años». De la misma manera, dan tentaciones de decir: «Para poseer un buen régimen parlamentario, lo primero que hace falta es haberlo practicado mucho tiempo».

Cabe preguntarse si, en la misma Gran Bretaña, el complejo y delicado mecanismo del parlamentarismo resistirá indefinidamente a la presión de las fuerzas brutales que en nuestros días asaltan por todas partes a las instituciones libres. Ya se manifiestan ciertos roces, ciertos torcimientos, que no dejan de ser inquietantes.

El optimismo, sin embargo, sigue siendo lícito; la institución parlamentaria inglesa ha sobrevivido, en el siglo XVI, al despotismo de los Tudores; en el XVII triunfó del de los Estuardos; se ha adaptado, en el XVIII, a la dominación de la oligarquía *whig;* en el XIX, a la oleada ascendente de la democracia; en fin, en los albores del XX, al fraccionamiento del Imperio en Dominios casi independientes; ha sabido plegarse a las necesidades de las dos guerras más terribles que jamás hayan sacudido al mundo; se la ve hoy transigir, sin ceder en lo esencial, con las organizaciones partidistas, con una burocracia tentacular, con las reivindicaciones de la India, con unas concepciones enteramente nuevas de las relaciones entre los hombres. Esta flexibilidad persistente es un reconfortante signo de vitalidad.

Un buen gobierno resulta de la conformidad de las instituciones políticas con las tradiciones y el temperamento de la nación. El régimen parlamentario, tal como lo ha conformado y sigue conformándolo la historia, sigue siendo evidentemente, en su evolución ininterrumpida, el que mejor conviene a los ingleses.

El día que el palacio de Westminster —ese palacio al que las bombas alemanas han tocado, pero que no consiguieron derribar— dejase de ser el polo en torno al que gravita, allende la Mancha, toda la vida pública; el día que los corazones ingleses no vibrasen ya al repique de *Big Ben,* ese día quedarían aún Islas Británicas, lo que no habría ya sería genio inglés.

Todos los hombres que todavía tienen gusto por la libertad esperan apasionadamente que ese día no llegará nunca.

RESUMEN BIBLIOGRÁFICO

Los trabajos consagrados a las instituciones parlamentarias de la Gran Bretaña son innumerables. Solo se citarán aquí, fuera de unas cuantas obras fundamentales, los estudios más recientes:

Hansard's Parliamentary debates (actas oficiales, tomadas taquigráficamente, de las sesiones de las Cámaras).

Standing Orders of the House of Commons and of the House of Lords. Colecciones del *Times,* del *Manchester Guardian,* de la revista *Round Table,* etc.

ADAM (G.-B.): *Constitutional History of England,* 1934.

ANSON (SIR W.-R.): *Law and Custom of the Constitution,* 3 vols., 4ª edición, 1935.

ATTLLEE (C. R.): *The Chief Ministers of England,* 2ª ed., 1925. BAGEHOT (W.): *The English Constitution,* 1872.

BARKER (Sir Ernest): *Le systeme parlementaire anglais* (trad. francesa), 1945.

BICHAM (G.): *The Chief Ministers of England,* 2ª ed., 1925.

BROWN (W.-I.): *Everybod's Guide to Parliament,* 1945.

BRYCE (LORD): *Modern democracies,* 2 vols., 1921.

CAMBRAY (P. G.): *The Game of Politics,* 1932.

CAMPION (C.-F.-M.): *An Introduction to the Procedure in the House of Commons,* 1929.

CARR (I.): *Delegated Legislation,* 1921.

CHALMERS (D.) AND ASQUITH (C.): *Outlines of Constitutional Law,* 5ª ed., 1936.

CLARKE (J.-J.): *Outlines of Central Government,* 10ª ed., 1943. DICEY (A.-V.): *Introduction to the Study of the Law of the Constitution,* 9ª ed., 1939.

EMDEN (C.-S.): *Principies of British Constitutional Law,* 1925. FARBMAN (M.): *Political Britain, parties, politics, and politicians,* 1929.

HUMPHREYS (I.-H.): *Practical aspects of Electoral. Reform,* 1923. ILBERT (SIR C.): *Parliament; its History, Constitution and Practice.* JENKS (E.): *The Government of the British Empire,* 4ª ed., 1929.

JENNINCS (W.-L.): *The British Constitution,* 1942.

KEITH (A.-B.): *The Constitution of England from Queen Victoria to George VI,* 2 vols., 1940.

– *Responsible Government in the Dominions,* 2 vols., 1928.

LASKI (H.-J.): *Parliamentary Government in England,* 1938.

LOW (SYDNEY): *The Governance of England,* 2ª ed., 1912.

LOWELL (A. L.): *The Government of England.*

LOWTHER (J.-W.): *A Speaker's Comentarias,* 2 vols., 1925.

MAITLAND: *English Constitutional History,* 1908.

MAY (Sir ERSKINE): *Parliamentary Practice,* 13ª ed., 1924.

MAKRIOT (Sir J.): *Second Chambers,* 1927.

– *The Evolution of the British Empire and Commonwealth,* 1939. MARTIN (K.): *The Magic of Monarchy,* 1937.

MILL (STÜART): *Le Gouvernement représentatif* (trad. francesa), 1865.

MORRISON (H.) AND ABBOTT (W. S.): *Parliament,* 1935.

OGG (F.-A.): *European Govemments and politics,* 2ª ed., 1944.

PERCY (LORD EUSTACE) *Government in Transition,* 1934.

POLLARD (A.-F.): *The evolution of Parliament,* 2ª ed., 1926. POLLOCK (.T.-K.): *Money and politics abrcad,* 1932.

REDSLOB: *Le Régime parlementaire,* 1924.

ROBSON (W.-A.): *The British Civil Servant,* 1937.

ROWSE (A.-L.): *The Question of the House of Lords,* 1934.

Royal Family in War Times (the), 1946.

SEELEY: *The expansion of England,* 1883.

SEIGNOBOS: *Histoire politique de l'Angleterre contemporaine,* 2 vols., 1924.

SIDCWICK (H.): *The Elements of Politics,* 1919.

STOUT (H. M.): *Public Service in Great-Britain,* 1938.

TEMPERLEY (H.-W.): *Senates and Upper Chambers,* 1917.

WEBB (STANLEY AND BEATRICE): *A Constitution for the Socialist Government in Great-Britain,* 1920.

WERTHETMER (E.): *Portrait of the Labour Party,* 1929.

WILKINSON (W.-J.): *Tory democracy,* 1925.

WILLIAMS (H.): *Proportional representation and British politics,* 1911.

YOUNG (G.-B.): *The Government of Britain,* 1942.

ZIMMERN (A.): *The Third British Empire,* 1927.

EL PARLAMENTO DE INGLATERRA,
de JACQUES CHASTENET, se imprimió
en la República Argentina en setiembre de 2019.

www.ingramcontent.com/pod-product-compliance
Lightning Source LLC
LaVergne TN
LVHW082240051026
849532LV00012B/4060
9789563926033